THE BIG BANG OF THE CHIP
— THE INSIGHT TO IC INDUSTRY —

一本书洞察
芯片产业发展趋势

谢志峰 赵新 / 编著

上海科学技术出版社
SHANGHAI SCIENTIFIC & TECHNICAL PUBLISHERS

图书在版编目（CIP）数据

芯事.2，一本书洞察芯片产业发展趋势 / 谢志峰，赵新编著. -- 上海：上海科学技术出版社，2023.1（2023.9重印）
 ISBN 978-7-5478-5955-1

Ⅰ.①芯… Ⅱ.①谢… ②赵… Ⅲ.①集成电路产业－产业发展－研究－世界 Ⅳ.①F416.63

中国版本图书馆CIP数据核字（2022）第207834号

芯事2：一本书洞察芯片产业发展趋势

谢志峰　赵　新　编著

上海世纪出版（集团）有限公司
上海科学技术出版社　出版、发行
（上海市闵行区号景路159弄A座9F-10F）
邮政编码201101　www.sstp.cn
江阴金马印刷有限公司印刷
开本 787×1092　1/16　印张 17.5
字数 175千字
2023年1月第1版　2023年9月第2次印刷
ISBN 978-7-5478-5955-1/O·108
定价：68.00元

本书如有缺页、错装或坏损等严重质量问题，请向印刷厂联系调换

推荐序一

收到谢志峰博士《芯事2：一本书洞察芯片产业发展趋势》的书稿时，正值十一期间。趁此时机将书稿内容都进行了翻阅，深感本书作者对全球集成电路产业，特别是中国集成电路产业的用心调研和分析。

就像我经常说的："关键核心技术必须靠自主创新来解决，要不来、买不来、讨不来的。"《芯事2》这本书从第一章就围绕着集成电路的发明专利权展开，以两位发明人的技术异同为主线，突出说明了在集成电路产业伊始技术的重要性。不仅如此，通过大量科技史的史实对当时方兴未艾的半导体产业市场进行了描述。这部分虽然说的是美国早期的硅谷，但对现在的中国仍然有着很多可以参考和借鉴的地方。事实上，本书的所有章节中都对国内外相关的技术人员的职业精神和奋斗经历满怀敬意，是他们驱动着公司的研发，是他们不断地推动着集成电路产业的发展。我曾说过："作为一家科技公司，一旦不以研发为中心，就如同失去了灵魂。"这句话在集成电路设计和工艺制造公司的发展中一再得到应验。无论是美国的Intel，欧洲的ASML，还是中国的中芯国际，为了在摩尔定律的大潮中赢得一席之地，技术人员都在努力推进着技术的更新换代，不断试图超越对手，更超越自己。在超越过程中，既有竞争又有合作，他们共同促成了集成电路产业全球化的良性循环。

本书不仅立足于集成电路相关技术和技术史的科普，更增加了集成电路产业的讲解和分析。要知道，集成电路产业链纷繁复杂，就像律师也只能熟悉某个领域的法律条文和案例一样，没有任何一个集成电路的专家能够对所有环节都如数家珍。这也意味着如果想针对产业链进行分析，本书的作者背后需要调研和借鉴的数据将是海量的。能够对这些数据进行分析比较并提出相应的观点是非常不易的。此外，本书不仅从宏观的角度对半导体产业进行了梳理，更是有重点地与中国的"十四五"规划相呼应，围绕着MEMS芯片安全、第三代半导体投资布局进行了有重点的拓展，让人们从另一个侧面了解到特种工艺对中国集成电路发展的重大意义。

本书的读者群既可以是微电子专业的学生，也可以是半导体产业相关的公司中高层人士，更可以是对集成电路感兴趣的人。在不同的章节中都有相关的"兴趣点"等待着读者们的发掘。本书的第四章针对集成电路制造公司的上层决策给予了很多可以参考的案例。无论是技术、营销、财务和策略制定都举出了很多真实的事件作为论据，很值得有志于成为集成电路产业CEO的年轻人仔细阅读。事实上，不仅是制造领域，集成电路设计和设备制造等领域的人才在本书中同样可以找到很多有共鸣的地方。本书第五章的部分主要针对中国集成电路产业提出了很多合理化的建议。读到这里时我们才发现，原来前几章中埋下的伏笔终于在最后这一章中"开花结果"，显现出作者的"良苦用心"。本书不是《芯事：一本书读懂芯片产业》的重复，而是在此基础上提出了更多的具有现实意义的观点。特别是最后的章节更是把技术人才作为集成电路发展过程中的核心要素加以强调。当然，本书的很多观点并没有顾此失彼，在强调技术的同时并没有忘记管理层面重要性的说明。当公司发展到一定程度时，技术、市场营销和企业的发展规划必须齐头并进、有效融合才能使一个企业保持持续性发展。中国的集成电路产业虽然蓬勃发展，但目前仍处于追赶的态势，在这个过程中有很多国内外的"前车之鉴"是可以参考的，本书中列举的各个国家芯片发展的案例很值得相关人士思考和讨论。当然，借鉴并不等于照搬照抄，中国集成电路的发展仍然要结合本国的特色才有可能获得源源不断的市场需求和更多有创意的发展路径。

我深信，读完本书的读者将会对集成电路产业有着更深刻的认知，产生更多有价值的思考。这是一本记录集成电路产业发展的有特色的科普书和产业参考书，希望本书也能陪伴关心芯片技术和产业的热心人士共同成长和思考。

中国工程院院士　倪光南

2022 年 10 月

推荐序二

很荣幸受到谢志峰博士的邀请,为《芯事2:一本书洞察芯片产业发展趋势》一书作序。

谢志峰博士在集成电路领域深耕30多年,早年曾在Intel工作,后跟随张汝京博士回国创建中芯国际,见证了国内外集成电路发展的辉煌过程。2018年,《芯事:一本书读懂芯片产业》的出版引起了良好的反响,在书中,作者对如何把握集成电路的发展脉搏有独到的见解,得到了众多读者的认可。

随着集成电路技术的发展,我们也迎来了后摩尔时代。这一时代呈现出技术多元化、市场碎片化、小众产品研发低廉和应用场景更广等特点;同时,也意味着我们将迎来创新空间巨大、设备和条件多样、市场空间大、产品研发启动相对容易、创新企业快速成长等新机遇。

摩尔定律是一个被人们一再提及的商业预测。然而大家都知道,如果想真正理解一句话的含义,往往要结合当时的时代背景。我们是否真的对1965年的原始文件和数据有着深刻的认知？是否对相关数据通过质疑、分析和比对加以确认？显然，《芯事2：一本书洞察芯片产业发展趋势》对这些历史细节进行了高度还原，从而让我们从根本上体会到摩尔定律的现实意义。与此相似的"知识点"在书中比比皆是，可见本书的作者在写作过程中确实是下了一番苦功的。这也为苦于碎片化和浅阅读的读者提供了一个深度了解集成电路产业的机会。

《芯事2：一本书洞察芯片产业发展趋势》总体内容说明集成电路并不是一个从无到有的发明，而是一个在原有电路知识基础上集成新工艺、不断迭代更新诞生的多学科技术的集合体。因此，产业发展没有捷径，只能一步一个脚印，脚踏实地发展。本书难能可贵的是对大量的文献和调研数据进行充分比对后提出了一些客观的表述。针对硅谷早期的发展史，本书打破线性叙事的常规模式，通过多个角度综合展现出了更加真实和人性化的历史发展脉络。让我们在了解其中关键技术的同时，更加深刻理解了其背后团队中一个个鲜活的人物的辛勤付出。

本书的前半部分对于集成电路相关技术做了大量深入浅出的讲解。特别是对诸如精简指令集、第三代半导体、MEMS芯片和仿生芯片这些热词进行了专业的解读，这对于希望了解集成电路背后技术的读者来说是个很好的知识扩充机会。更可喜的是本书的后半部分对中国集成电路产业进行了梳理，提出了一些建设性的意见并辅以相关的支撑数据，这在众多的集成电路科普书中是不常见的，值得读者重点关注，品读文字背后的深意。

中国集成电路产业的发展离不开世界,更离不开来自世界各地默默付出的诸位产业人士。在我看来,本书的一个亮点就是在宏大的历史叙事中,不断穿插了一些关键人物的出场。这些关键人物中既有如雷贯耳的摩尔、诺伊斯、乔布斯、张忠谋等产业名人,也有圈内人士才知道的威尔达尔、胡正明和林本坚;既有大名鼎鼎的系统构架师吉姆·凯勒,也有不为人知的光刻胶发明人伊藤洋。正是他们才使得集成电路产业蓬勃发展、推陈出新。因此,对于集成电路产业来说,虽然高端的设备可以让企业技术领先,但是最关键的还是要靠一代代芯片人的不断创新,才能使集成电路达到当今水平。这一点对于我们中国集成电路相关决策部门来说是很值得借鉴的。

本书的写作方式不仅具有《芯事:一本书读懂芯片产业》的特色,而且在阅读体验上加以优化和完善。无论在图片的数量、数据的可视化,还是章节之间的起承转合处都下足了功夫。当然,这些形式的最终目的还是在于让更多的读者能够对书中的内容有一个更加连续性和系统性的阅读体验。

总之,《芯事2:一本书洞察芯片产业发展趋势》是一本剖析集成电路产业深度的科普书。相信任何对国际和国内集成电路技术、产业和未来趋势感兴趣的读者,都可以在阅读后受益良多。

中国工程院院士　吴汉明
2022年9月

前 言

距离《芯事：一本书读懂芯片产业》的出版已经过去 4 年了。在这段时间里，半导体产业界发生了很多事情，全球的芯片热不但没有消退，反而愈演愈烈。车载芯片的紧缺导致芯片价格水涨船高，大量相关公司如雨后春笋般涌现出来。各国芯片企业都在积极地培养高级人才，加大研发投入，扩大芯片产能。与此同时，各大高校不断扩招微电子专业的学生，产业界也有相关专业的从业者到芯片领域来添砖加瓦。全世界的芯片人都在夜以继日地为解决供需平衡而努力着。

全球的芯片代工头部企业不但没有减缓前进的步伐，而且在这 4 年间，通过追加投资和技术创新加速了工艺制程的进一步缩小。台积电甚至预言在 2030 年有望量产 1 nm 以下制程的芯片，芯片成熟工艺技术即将进入埃米级的原子世界。

纵观集成电路几十年的发展史，我们不难发现，集成电路 4 年左右的周期性变化虽然会带来短暂的阵痛，但同时也迎来了重新洗牌的新机遇。有远见和野心的公司会在这段时期里采用逆周期投资的方式拉大与竞争对手的技术差距，从而孕育出更多丰硕的果实。

　　历史如何在森林中选择某条分支小径去延展是没人敢下定论的。虽然我们现在回顾过去，发现历史只选择了其中一条，但当我们面对未来的时候却发现仍然有很多选择，线性思维无法帮助我们找到"对"的那条路，甚至某些思维本身就是一种刻意的循环论证。

　　梳理集成电路的发展脉络，不就是为未来提供借鉴吗？因此，为了让读者看到集成电路史的多个面相，深入认知芯片产业链的全貌，洞察"芯事"背后的"芯势"，我们决定再次提笔，与读者朋友们"再续前缘"。如果《芯事：一本书读懂芯片产业》是在广度上让大家对集成电路的相关历史、产业、技术和人物有所了解的话，那么《芯事2：一本书洞察芯片产业发展趋势》则是在深度和角度上进一步拓展您的认知，用新的方式来解读关键的历史瞬间，梳理芯片产业的脉络，洞察集成电路的现状并在某种程度上对未来20年的芯片发展提出期望。

　　本书经历了较长时间的准备和整理，在某些重要的事件上为了得出更加全面的分析结果，我们团队几次易稿，力求给予精准的描述和总结。与原定计划相比，我们几乎拖了一年的时间才"斗胆"将此书呈现在各位读者的眼前。

　　本书内容共分五章。第一章主要针对早期芯片发展史进行有深度和有角度的回顾与剖析，力求以史为鉴，从早期芯片的发展中找到一些至今仍影响着芯片技术和产业发展的关键因素；第二章属于技术揭秘环节，通过对不同种类芯片的讲解，让读者对集成电路芯片本身有一个更加全面和直观的了解；第三章围绕第三代半导体的相关技术和国内外的产业布局展开讨论，希望能为读者提供一个解惑投资热点的范式；第四章聚焦半导体制造企业的经营之道，希望把作者几十年的从业经验分享给每一位有志创业的同仁；第五章是本书的重头戏，意在对未来芯片产业，特别是中国芯片制造业的发展模式进行探索式的分析与讨论。

为了让行业内外的读者都能够对本书的内容产生兴趣，由此引起共鸣和启发思考，本书在行文的方式上进行了适当的调整，其目的既希望行业内的同仁能够发现芯片熟悉又陌生的一面，也欢迎行业外的广大读者通过此书走出芯片知识艰涩难懂、芯片产业庞杂难入的误区，成为集成电路产业的关注者和参与者。因为当这本书交到您手中的时候，书中的内容就不再以作者的意志为转移，而如何阅读与思考，以及是否赞同我们的观点都将由您来作出判断和决定。希望通过本书，能够触动大家在脑中编织出更多有关"芯片"的故事。同时，希望芯片在你我之间的接力中被越来越多的人所熟知。希望20年后，当读者们再看此书时心里能够说一句："还真是那么回事儿。"

目录

推荐序一

推荐序二

前　言

第一章	早期芯片产业	001
	1. 集成电路到底是谁发明的？	002
	2. 诺伊斯的创新之道	021
	3. 从 4004 说起	033
	4. 摩尔定律意味着什么	046

第二章	如何理解集成电路	063
	1. CPU 的指令集构架	064
	2. 不同种类的集成电路	072
	3. MEMS 芯片	079
	4. MEMS 芯片安全	085

第三章	第三代半导体引发的产业变革	090
	1. 价比钻石的第三代半导体	092
	2. 第三代半导体的全球概况	099
	3. 第三代半导体在中国的概况	108

第四章	半导体制造企业经营之道	115
	1. 领军人物应具备的特质	116
	2. 优秀的生产技术研发团队	131

	3. 优化良率与生产周期	137
	4. 现金流管理	154
	5. 制造、技术和营销一体化	161
	6. 芯片产业周期的应变策略	165

第五章 | 中国集成电路产业发展之路　　177

1. 加速完善成熟技术节点　　179
2. 聚焦关键技术的创新与产业化　　191
3. 产学研合力攻关薄弱产业基础　　204
4. 探索共享 IDM 商业模式　　216
5. 合作与创新　　224

参考文献　　233

附　录 1　谢志峰访谈　　236

附　录 2　赵新访谈　　249

致　　谢　　261

第一章

早期芯片产业

不为历史羁绊，放手创造精彩。

——硅谷教父：罗伯特·诺顿·诺伊斯

人们往往通过线性的因果逻辑来推导某些人的成功经验，仿佛只要一步步如法炮制就能复制出同样的结果。然而，大部分的结果都是偶然中存在着必然，必然中又夹带着偶然。如果让现在学习集成电路的优等生穿越到1961年，成为仙童半导体公司（Fairchild Semiconductor）的一员，他能否口吐莲花为他人指点迷津？答案很可能是否定的。

就像仙童集成电路的设计主管杰伊·拉斯特（Jay Last）所说："魔鬼在细节中（The devil is in the detail）。"掌握了书本的知识并不意味着就能够在复杂的应用环境中开发出新的技术，更何况很多机密永远都不会为人所知，很多情况连参与者本人都不见得能够洞察全局，很多偶然因素更不见得经得住推倒重来的考验。

集成电路是多个研发团队科学攻关的接力,是在多种可能性中大浪淘沙后的技术结晶。这些团队之间并不见得有着提前的统筹规划和互相照应。相反,他们之间往往竞争多于合作,但好在由于法律的保障,竞争的良性多于恶性。因此,他们才能在经历各种创意火花的碰撞、各种尝试后的失败、各种险象环生和各种说不清道不明的机缘巧合下逐渐靠近心中的那个最优解。也正是这些丰富的经验才促使亲历者积攒了大量的真知灼见和想继续尝试的冲动,使得他们和继任者在之后的日子里不断地推陈出新。在未来的硅谷才会有像 Intel、Apple、Google 和 Facebook 这样的公司遍地开花、层出不穷。

1. 集成电路到底是谁发明的?

集成电路的两位发明人

想要知晓芯片,第一件事就是要深刻理解什么是集成电路(integrated circuit,IC)。而如果想知道这个答案,有两个人的名字是要铭记的。如图 1-1 所示,他们就是杰克·圣克莱尔·基尔比(Jack St Clair Kilby)和罗伯特·诺顿·诺伊斯(Robert Norton Noyce)。1958 年前后,他们两个人分别在美国南部的得克萨斯州达拉斯和西海岸的加州帕洛阿尔托独立地发明了集成电路。他们也在未来的商业和

| 第一章 | 早期芯片产业 |

图 1-1　杰克·圣克莱尔·基尔比（上）和罗伯特·诺顿·诺伊斯（下）

学术圈里名利双收，诺伊斯创办了无人不知的英特尔，基尔比获得了 2000 年诺贝尔物理学奖。

然而，后人在追溯前人的"丰功伟绩"时总难免带着"先入为主"的"宿命论"。他们的人生仿佛俗套的小说情节一样——自带光环的主角虽偶遇劲敌但总能化险为夷，一路披荆斩棘最终走上人生巅峰。因为"第一人"的称号不仅和当时的最新、最优相关联，更有着前瞻的无限可能性值得期待。当人们在创新的道路上失去方向的时候，往往选择回到发明人的原点，以期在前人的经历中找到共鸣的慰藉和再创造的灵感。虽然有时这方法确实行之有效，有时却事与愿违。因此，以上对两位发明人和他们所获的"成功"仅仅是掐头去尾的"结果论"描述。

真实的情况是，就像很多伟大的发明诞生之初并不为世人所重视一样，集成电路出现后并没有立刻成为业界的宠儿。美国军方对这项发明也没有给予多少重视。是的，您没看错，虽然德州仪器（Texas Instruments，TI）于1959年3月6日就在纽约举行的新闻发布会上向全世界公布了集成电路这项发明，但要不是因为1961年不计成本的阿波罗登月计划，美国空军仍然觉得仅凭电子管就能搞定上天那些事儿。在商业展销会上，集成电路也没有得到多少媒体的关注和报道。甚至连发明人基尔比自己都承认，他当时并没有预见到这项发明会在将来给世界带来如此翻天覆地的变化。

发明背后的公司之争

但慧眼识珠的人总是存在的。两位发明人所在的公司对集成电路都给予了高度的重视。基尔比所在的德州仪器并没有因为他是个新人就忽视其成果。1958年，当基尔比的领导阿德科克（Adcock）休假回来看到他32开纸张大小的试制品时，表示非常感兴趣，但对结果并不完全满意，因此，给基尔比提供了很多修改意见。8月28日，基尔比再次给对方展示了电路的2.0版。虽然有所改善，但此时电路中的元器件还是分立的电阻、电容网和晶体管等。之后基尔比利用公司的工艺资源，完成了所有元器件的集成。9月12

日，经过精心安排，基尔比向德州仪器公司的领导和同事们展示了集成电路的工作效果——频率为 1.3 MHz 的相移振荡器（phase shift oscilator），它是当时常用的模拟线性电路之一。为了证明集成工艺对数字电路同样有效，9 月 19 日，他又用相似的方法制造出了 Flip-Flop 触发器并于 1959 年初实现了正常工作。当然这距离量产还需要一段时间。而另外一位发明人又如何呢？诺伊斯本人就是仙童半导体公司的总经理，他是最早预见到德州仪器要凭此成果在技术上反超仙童的人。两家公司首先围绕专利展开了布局。为什么专利这么重要？因为在鼓励和保护创新的地方，都采用专利和相关法律维护创新者的知识产权。换句话说，在科技产业界，得专利者得天下。谁先拿到它，谁就可以占得先机，用法律的武器最大程度上维护自己的利益并封堵潜在竞争对手。即使有人暗中通过"山寨"慢慢做大，持有专利的公司也可以通过正当法律程序"秋后算账"，令其倾家荡产，甚至锒铛入狱。

为此，从 1962 年开始，德州仪器和仙童就围绕着集成电路展开了旷日持久的专利战。双方分别在专利的申请日期和细节内容上下功夫。如图 1-2 所示，从两人最早提交的集成电路专利上看，基尔比于 1959 年 2 月 6 日向专利局提交了名为"小型化电子电路"（miniaturized electronic circuits）专利的申请。虽然电路功能相对简单，但与体积相对巨大的继电器和真空电子管组成的电路相比，基尔比制造的集成电路却是几英寸的"小锗条"。

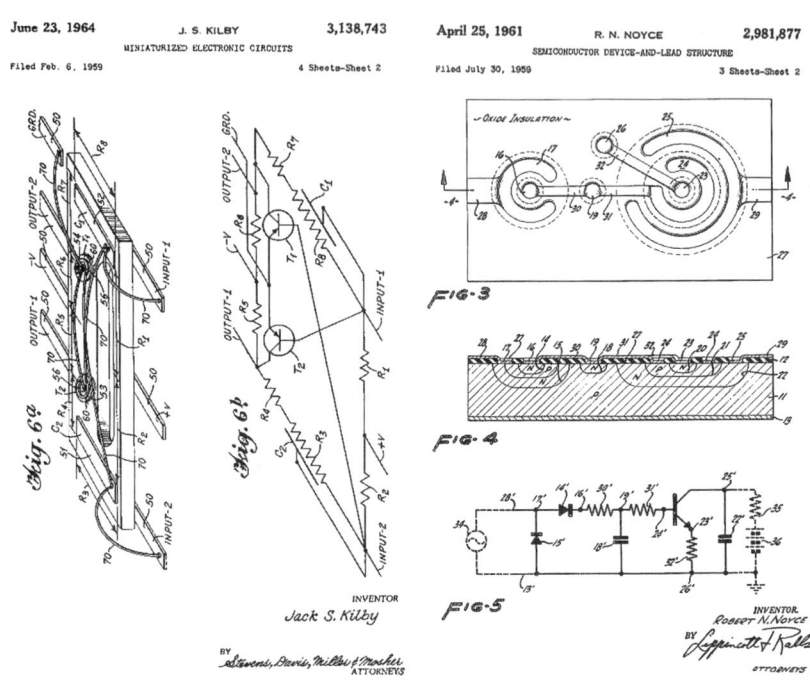

图 1-2　杰克·圣克莱尔·基尔比（左）和罗伯特·诺顿·诺伊斯（右）早期关于集成电路的专利

而诺伊斯在同年 7 月 30 日向专利局提交了名为"半导体器件及其引线结构"（semiconductor device-and-lead structure）的专利申请。其电路的重点结构也只是个三极管放大器。但如果按照专利所要求的工艺做出来的话，这个"电路"封装前的大小用肉眼是难以辨认的。但必须承认，如果仅从申请时间上看，基尔比所在的德州仪器是略胜一筹的。

然而令人没有想到的是，仙童的新人辩护律师罗杰·博罗沃伊（Roger Borovoy）初生牛犊不怕虎，他并没有畏惧德州仪器埃尔斯沃思·莫舍（Ellsworth H. Mosher）的律师天团。如表1-1所示，他首先对比了两个专利的具体电路，发现它们虽然功能不同，但都实现了电阻、电容和三极管等器件的集成。从电路的复杂程度上看，基尔比的相移振荡器甚至比诺伊斯的单级放大器更"高级"一些。因此，博罗沃伊另辟蹊径，从工艺上下文章，他发现由于采用了平面工艺，诺伊斯电路中器件间的连线都是通过不同材料的直接接触实现的，而基尔比专利中的器件连线却用的是真实的金属线，即飞线（flying wires）。这意味着诺伊斯"隐形"的连线方式更可能实现集成，而基尔比的金属线是藏不掉也难以集成的。（后来实际的量产工艺也印证了这一点，德州仪器反而需要借鉴仙童的平面工艺来解决上述问题。）

表1-1 两个集成电路发明专利的区别

专利名称	小型化电子电路	半导体器件及其引线结构
发明人	杰克·圣克莱尔·基尔比	罗伯特·诺顿·诺伊斯
年龄	35	32
申请日	1959年2月6日	1959年7月30日
授权日	1964年6月23日	1961年4月25日
公司	巨头公司德州仪器	初创公司仙童
职务	初级工程师	总经理
学历	硕士	博士
专利特点	在锗片上手工集成具有电容、电阻和三极管的相移振荡器	在硅片上采用平面工艺设计了基于三极管的放大器
辩护观点	优势：申请日期 被质疑：飞线的可行性	优势：器件和连线工艺可商业集成，批量生产 被质疑：申请日期

最终，在 1970 年，也就是专利申请的 11 年后，博罗沃伊通过对互连集成工艺可行性的质疑，让诺伊斯在美国最高法庭的宣判中笑到了最后。

但德州仪器也并没有因此损失太多。因为在官司盖棺定论前的 1966 年，德州仪器和仙童半导体已经达成商业协议，双方共享集成电路的版权和平面制造工艺的方法。任何想生产集成电路的其他公司，都要向他们提供生产芯片 2%～4% 的利润作为专利版权费，而这个数额在 20 世纪 70 年代已高达数亿美元（相当于现在的几十亿美元）。同年，发明人基尔比和诺伊斯都被富兰克林学会授予了巴兰丁奖章。

一口吃不下的蛋糕

为什么这两家公司不死磕到底，斗出个输赢后再赢家通吃呢？因为就在他们打官司的这 4 年间，集成技术迅猛发展，芯片性能和良率提高的同时制造成本大幅降低，新一代的晶体管（三极管）和集成电路不仅在国防和工业上攻城略地，更让半导体产品走进了千家万户。

1965 年，诺伊斯为了收复市场份额，竟然在一次重要的行业会议上宣布仙童的主要集成电路产品都将被定价为 1 美元。这个价格甚至低于当时仙童制造这些芯片的成本。这意味着所有现有产品和仙童趋同的公司在开发出新技术和产品之前都在价格战中败下阵来。

豪赌的结果是，前 10 个月，仙童的股价就飙升了 447%，仅 10 月单月就上涨了 50%。1966 年，仅计算机制造商伯勒斯公司（Burroughs）一家给仙童的订单就高达 2 000 万美元，这相当于整个产业界第一年产量的 800%，使得仙童的年销售额达到了 1.3 亿美元。

面对如此庞大的市场处女地，后知后觉的投资人终于认识到了集成电路的重要性。加州新一轮的"淘金热"已被引燃，包括 IBM 在内，全世界如雨后春笋般的半导体制造商都急于通过各种途径获得集成电路的制造方法。

不仅如此，人才和技术流失的负面消息也在不断地动摇着德州仪器和仙童原有的技术垄断地位。1959 年初，仙童当时的总经理埃德·鲍德温（Ed Baldwin）就带着平面工艺的技术文档组团出走。1963 年，为仙童集成电路制造和良率提高立下汗马功劳的拉斯特和琼·霍尼（Jean Hoerni）等研发人员，因不满销售经理汤姆·贝（Tom Bay）而选择离开了仙童。其他公司也在技术上紧追不放，1966 年美国 RCA 公司已经研制出基于 CMOS 晶体管的集成电路。

无论是市场的需求，还是人才流动带来的新技术的威胁，都使得这两家公司意识到未来的市场是谁都无法独吞的大蛋糕，他们需要尽快想到双赢的方法。

发明背后的故事

事情回顾到这里，关于发明人的悬案似乎已经尘埃落定。然而，我们仍然有两个关于"创新"的更加深入的疑问没有得到解答：

（1）为什么诺伊斯在专利申请的时间上比基尔比慢了半拍？

（2）为什么基尔比的专利中会出现"飞线"这种半成品的设计工艺，他自己不清楚吗？

要想搞清楚这两个问题，必须结合当时，也就是1959年前后的社会环境和半导体产业的发展情况。

在集成电路出现之前，包括仙童在内的大部分半导体公司做的产品都是单个的半导体器件。复杂电路中的电阻、电容、二极管和三极管都是单独制造出来，并放置于电路板之后再完成连线的。当时正值美苏冷战时期，军用的导弹和飞机急需与电子管和继电器相比更加轻便耐热的硅晶体管。比如，仙童的第一单就是1958年给IBM提供100个晶体管用于其生产B-70"女武神"超音速轰炸机核心存储器的驱动电路。同年，仙童又打败了德州仪器赢得了美国政府的合同，为"民兵"（Minuteman）核弹道导弹的制导系统提供晶体管。

在之后的产品升级中，霍尼首次提出了"平面工艺"（planar，此技术于1959年5月1日提交了专利申请）。该项技术可是仙童在制造可靠性上力压群雄的制胜法宝。因为与德州仪器"平顶山"（MESA）的工艺技术不同，如图1-3所示，霍尼采用的平面工艺通过氧化层（silicon oxide layer）保护了下面的PN结，从而使得整个电路不会因为残留金属颗粒的黏附造成短路。

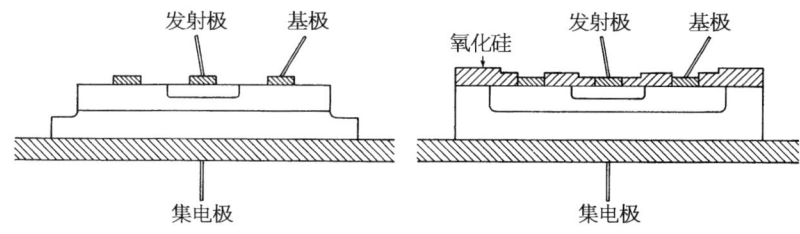

图1-3 平顶山结构（左）和平面结构（右）的三极管

据当事人回忆，为了向同事们证明其工艺的优异性能，1959年3月12日，霍尼不仅对着封装后的晶体管抡起了大锤，甚至还朝封装前的晶体管吐了口吐沫。虽然从概率上讲后者的行为对于晶体管非常致命，但结果是这些"惨遭毒手"的晶体管安然无恙地照常工作。

真正量产的集成电路

但诺伊斯并没有急于在平面工艺的基础上再多走一步推出后续的集成工艺。因为当时作为上任不久的总经理，他最关心的是如何卖更多的晶体管来让这个开张不久的公司先活下来。

而这时远在得州的初级工程师基尔比却不关心管理，只关注工程。在此之前，基尔比已经分别用半导体工艺实现了电阻、电容、二极管、三极管等分立元器件的试制。虽然作为公司的新人不仅没能攒足假期，手边的资源也很有限，但他克服万难，终于在1958年9月把这些器件通过手工的方式合成在一块锗片上，制造出了世界上第一款集成电路，并

芯事 The big bang of the chip

在公司内部演示成功。

德州仪器对其如获至宝，在1959年3月的纽约产业贸易展览会上，作为"黑科技"，对这项专利还未申请下来的技术进行了曝光。要知道，当时的德州仪器可是发展了近30年有着强大军工背景的业内老大，而仙童却只是个2岁的初创公司。

据仙童当时的员工杰里·桑德斯（Jerry Sanders，后来AMD的创始人）回忆，德州仪器的经理在展览会上对他说："仙童，我们要击垮你们！"

而诺伊斯更是惊讶地发现德州仪器的这项展品与他两个月前（1959年1月23日）写在笔记本上的想法殊途同归。这意味着仙童当时靠着平面工艺建立起来的技术优势，很快就可能被对方"反杀"。为此，诺伊斯利用后发优势，在霍尼平面工艺的基础上提出了量产可行性更高的集成电路技术并申请了专利。

有人会说，基尔比就不能争口气，也研发出来一个新的量产技术后再提交专利吗？原因是时不我待，再加上他们听说美国RCA公司已经研发出了集成电路并准备申请专利。为了先人一步，在德州仪器的律师莫舍的催促下，基尔比只得将这个半成品提交给了专利局，并试图用文字描述和后续的新专利对内部连线的方法进行修正。

然而，就像之前所说，谣传的事情并没有发生在1959年，而是在1966年（RCA研制出了CMOS晶体管的集成电路）。因此，当时实际上跟德州仪器竞争的不是RCA，而是不起眼的仙童半导体。但真实的情况是，无论是德州仪器还是仙童，他们的专利都只是纸上谈兵，双方都还未制造出能够真正量产的集成电路。直到 1960 年，德州仪器才推出第一款商用电路 SN502 Flip-Flop 触发器（存储器的单元电路之一），而仙童也才在拉斯特等人的努力下开发出首款符合军品要求的集成电路。

如图 1-4 所示，仙童名为"μLogic"的芯片也是一个 Flip-Flop 触发器。由于起初的良率只有 10%，制造成本降不下来，单颗芯片的售价就高达 120 美元。不过仙童赶上了好时候，此时正值阿波罗登月计划实施阶段。1958 年成立

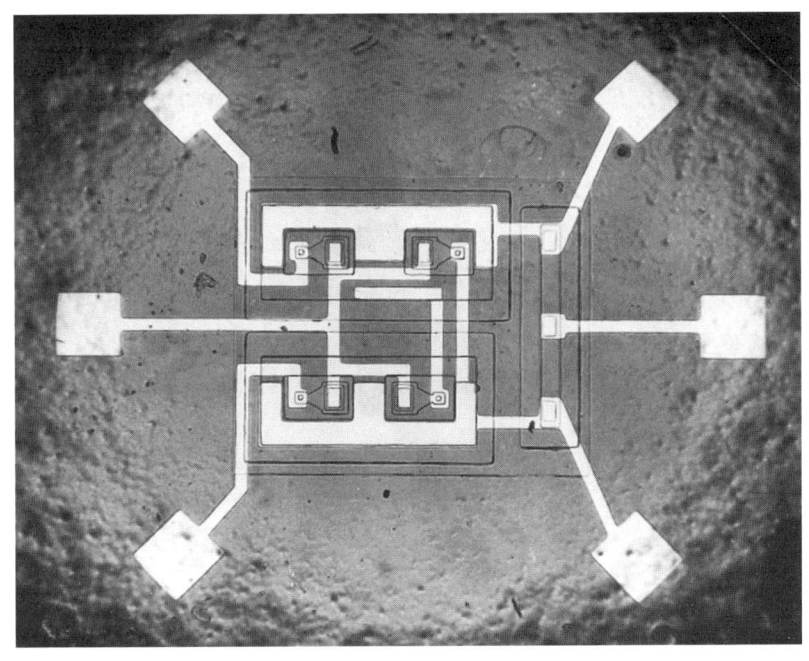

图 1-4　仙童制造的第一款集成电路 Flip-Flop 触发器

的 NASA 和 DARPA（当时名为高等研究计划局，Advanced Research Projects Agency，ARPA）急于完成总统交给的"没有条件也要创造条件"去完成的人类壮举，财大气粗的他们可以不计成本地购买集成电路。到 1963 年，芯片的良率已经由于采用外延等技术而提高到 50%，全美生产的 95% 的集成电路都用在了军事和太空上。

某种程度上说，军工和仙童（包括德州仪器）互相成就了对方，没有 NASA 和 DARPA，刚设计出来的芯片就会因为无人问津而失去市场价值，更不用说进一步改进技术降低成本的后文了。而没有集成电路，登月舱也无法减小到足够的重量，更不用说降落在月球上了。这些事实也再次证明哪怕是在以市场为主导的美国，集成电路在发展初期也是需要资金的大力扶持才能进行下去的。

综上所述，可以看出，集成电路并不是一个从无到有的发明，它是不断迭代更新的、集成新工艺、在原有电路知识基础上诞生的多学科技术的集合体。这些当时在材料、物理、化学、电路和机械等方面的前沿技术，全都是集成电路的必要条件。在集成电路诞生之前，聪明的科学家和工程师们的脑中已经完成了一次次的头脑风暴，实现了科技成果的继承与发扬。这些靠多个人积攒起来的新知识，逐渐汇聚到了独立的人脑中。在天时、地利与人和的契机下，在好奇心和"多走一步"的勇气里，在不能松口气的竞争节奏中，集成电路的雏形终于在某些人的设计中孕育而生。

当然，具有这样机会的人往往不止一个。就像基尔比自谦的那样:"没有我,集成电路迟早都会被发明出来。"但如果您觉得有了专利和设计理念,钱和人一到位,接下来推出产品只是水到渠成的时间问题,那就太瞧不起历史了。

需要铭记的功臣

在集成电路设计领域研发的资金投入很重要,但这并不意味着"钱是万能的"。资金数量与研发周期并不是一直持续正比的。当资金充足之后,这个必要条件的重要性将让位于设计团队的研发能力。虽然重赏之下必有勇夫,但在设计领域解决问题的灵感并不是靠天天加班就能"急中生智"的。研发的速度是有极限的,投资者和管理者都需要有充分的耐心和信心。与其天天在鸡窝旁边等着结果,不如把鸡放养出来,给予其更好的环境才能获得高质量的鸡蛋。

1959年7月,诺伊斯为了突破德州仪器的专利池(patent pool),要求拉斯特负责组建团队,对集成电路的量产工艺展开攻关。如表1-2所示,与仙童刚刚创立之初相似,拉斯特的队伍加上外援也不超过12人,而除了霍尼以外,其他人基本都是刚入行不久的新人。但就是靠这些新人刨根问底式地钻研、百折不挠地坚持和团队协作,诺伊斯的设计理想与量产现实之间的鸿沟才最终被填平。他们比其他任何人都清楚,从科研成果到商业化产品,到底需要走过怎样的道路。图1-5为仙童集成电路部分主创成员的聚会照片。我们可以肯定地说,促成美国硅谷的与其说是集成电路产品,不如说

表 1-2 仙童集成电路的主创人员

负责内容	负责人/参与者
扩散	莱昂内尔·卡特纳（Lionel Kattner） 戴夫·艾利森（Dave Allison） 吉姆·坎贝尔（Jim Campbell）
版图设计与制造	艾希·哈斯（Isy Haas） 莱昂内尔·卡特纳
器件制造	加里·特里普（Gary Tripp）
化学光刻胶	塞缪尔·福克（Samuel Fok）
光刻技术	詹姆斯·诺尔（James Nall）
电路设计和温度测试	罗伯特·诺曼（Robert Norman）
器件测试	唐·法里纳（Don Farina）
提高良率：外延	琼·霍尼 埃德·波特（Ed Porter）
芯片应用	理查德·安德松（Richard Anderson）

图 1-5 仙童集成电路的部分设计成员　左起：杰伊·拉斯特、艾希·哈斯、戴维·劳斯、莱昂内尔·卡特纳和罗伯特·诺曼

第一章 早期芯片产业

图1-6 仙童半导体的"八人帮" 罗伯特·诺伊斯、戈登·摩尔（Gordon Moore）、朱利叶斯·布兰克（Julius Blank）、尤金·克莱纳（Eugene Kleiner）、琼·霍尼、杰伊·拉斯特、谢尔登·罗伯茨（Sheldon Roberts）和维克托·格里尼奇（Victor Grinich）

是他们这些"母鸡"。正是他们孕育了一代代的产品，他们和诺伊斯为首的"八人帮"（图1-6）同样值得人们敬仰和学习。

像蒲公英一样的仙童

这种孕育，很多都是离开仙童后才完成的。在集成电路推出不久，由于仙童股东的短视和部门之间的矛盾，很多年轻人（包括诺伊斯本人）已经看到了头顶的天花板。一方面，他们走到哪里哪里就像摇滚明星的演唱会一样座无虚席。而另一方面，母公司在股价节节高升的时候收回了所有股权，仙童半导体内部从上到下都觉得个人的贡献和未来的发展理念并没有得到母公司的重视。他们纷纷组团离开了这个曾经的"硅谷西点军校",也给这些高高在上的老派大人物们好好地上了一堂硅谷风投课。

还记得之前讲过的拉斯特和霍尼组团离开仙童的事情吗?主要原因就是,销售经理汤姆·贝认为他们花了公司大量的钱搞的这个东西无法为公司带来盈利,而他们花的这些钱,又都是靠推销晶体管赚来的。

以上情况点出了仙童内部存在的 3 个致命问题:

(1)仙童的"金主们"错误地判断了半导体电路技术更新迭代的速度。就在 Flip-Flop 触发器量产的当年,集成的半加器和三输入或非门就已经商业化了。这意味这些构成电脑的零部件正逐渐地被集成电路所替代。再加上 1960 年诞生的性能潜力更大的 MOS 管(可惜被高层否决了),理论上任何过去用电子管实现的电路都可以用集成电路来"翻新"。而公司现有专利池中的电路与未来各种功能不一的电路相比,简直是沧海一粟。单靠签保密协议是护不住技术也拦不住人的。

(2)公司高层低估了集成电路设计者的重要性。他们只把仙童当成了投资后意外长出的摇钱树,而且是那种连施肥浇水都基本不用的摇钱树。仙童半导体的大部分利润都被母公司进行了再分配。利润与研发经费严重失衡。除了给负责人升职加薪外,那些最具创造力的新人并没有发现自己的努力得到预期的回报。

(3)仙童半导体短时间内的暴富现象让很多年轻人都膨胀了起来。制造、技术和销售部门都觉得自己最重要。每个人都觉得自己可以复制仙童的模式另起炉灶。虽然诺伊斯兼具科研达人和领袖魅力,但他"从不说不"的坏习惯必然让某些人难以得到公平的对待。

(4)仙童投资的成功案例让其他金主们羡慕至极,他们纷纷开出几倍于仙童的条件,不惜重金吸引具有开发经验的技术人员,并许诺给予其独立发展和决策的自由。在"内忧外患"的情况下,前期的主创纷纷出走,新鲜血液又补充不足。

还记得1966年那个800%的订单吗?就算当时有制造之神查利·斯波克(Charlie Spock)加持,他们也只完成了所有预期订单的1/3,错失了到手的良机。而到1968年,随着诺伊斯的离开,继任者已无力回天,仙童半导体走向没落只是时间问题。留给"仙童们"的只是曾经的光辉时刻和对未来的无限遐想——哪家公司是下一个仙童呢?

抱着这样的期待,这些年轻的"仙童们"就像蒲公英的种子,如表1-3和图1-7所示,在接下来的几十年里,在整个世界的沃土上,将集成电路的技术和经营理念开枝散叶,拓展创新,直至今日。

表1-3 仙童相关的创始公司

公司名称	创办时间(年)	创始人/重要成员
Amelco	1961	琼·霍尼
Molectro	1962	詹姆斯·诺尔(James Nall) 鲍勃·威尔达尔(Bob Widlar) 戴夫·塔尔伯特(Dave Talbert)

（续表）

公司名称	创办时间（年）	创始人/重要成员
General Microelectronics（GMe）	1963	唐·法里纳 菲尔·弗格森（Phil Ferguson）
Applied Materials Technology（AMT）	1967	迈克·麦克尼利（Mike McNeilly）
Electronic Arrays	1967	吉姆·麦克马伦（Jim Mcmullen）
Intersil	1967	琼·霍尼
Intel	1968	罗伯特·诺顿·诺伊斯 戈登·摩尔 安迪·格罗夫
Monolithic	1968	泽埃夫·德鲁里（Zeev Drori）
National Semiconductor	1959 1968 总部搬到圣克拉拉	查利·斯波克（Charlie Sporck） 皮埃尔·拉蒙德（Pierre Lamond） 唐·瓦伦丁（Don Valentine） 弗洛伊德·克瓦米（Floyd Kwamie） 里吉斯·麦克纳（Regis McKenna）
AMD	1969	杰里·桑德斯（Jerry Sanders）

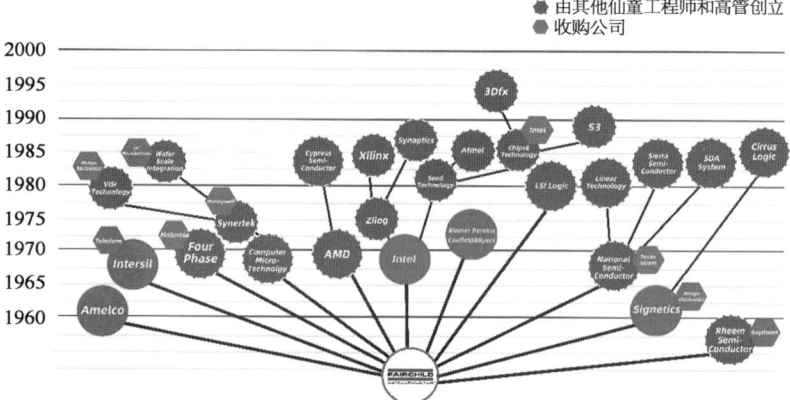

图 1-7　仙童相关公司的谱系图

但是，最后我们仍然要问，为什么历史偏偏选择了诺伊斯来完成集成电路在商业化上的最后一块拼图呢？虽然不见得能够复制诺伊斯的光辉岁月，但唯一可以确认的是，他思考问题的方式是非常值得借鉴的。与一生代表作只有集成电路和计算器的基尔比相比，诺伊斯脑中的想法却像天上的繁星一样熠熠生辉，每个想法都是颠覆性的创新。当然，诺伊斯并没有选择当佳作频频的学术明星，而是成了一个更加务实的技术为先导的公司创办者。因此，作为后人，也许我们更应该关注的不是惋惜他 63 岁就去世了，因而没拿到诺贝尔奖，而是他是如何提出这么多诺奖级的问题并加以解决的。

2. 诺伊斯的创新之道

诺伊斯的科研范式

在介绍诺伊斯的技术创新模式之前，先了解一下常规的科研范式是什么样的。以威廉·肖克利（William Shockley，1947 年点触式晶体管的发明者）为例，首先他会做文献调研，把与研究相关的所有资料都找到。在读完所有相关论文和发明专利后，他会尝试在文献之间建立某种新的联系，从而站在"前人"的肩膀上在富有价值的研究领域里继续深入发掘。这也是典型的做学术研究和发表学术论文的模式。

而诺伊斯呢？他跟肖克利（曾经的"导师"兼"老板"）一样都有着扎实的理论功底和实践经验。不同的是，诺伊斯更加务实，他的思考往往源于解决同事们遇到的工艺或设计上的问题。但这并不意味着诺伊斯仅仅是麻烦制造者的福音和解决了眼前棘手问题的技术达人。最令人佩服的是，他会跳出现有问题的表象，深挖其背后本质的物理原因。在解决问题的方案指定上，他不会让自己的分析仅限于有证可查的范畴，反而会大胆地做出很多设想，只要这种设想没有违反基本的物理定律并具有一定的可能性。无论别人觉得多么有悖现有的经验和常识，他都会认为值得一试。

还记得仙童早期为 IBM 设计三极管的第一单吗？1958 年同在仙童的戈登·摩尔和诺伊斯讨论起了 NPN 三极管中的基极和发射极所对应的 P 型半导体和 N 型半导体的金属接触问题*。当时业内像西部电子这样的公司，一般采用的是分而治之的方法，即 P 型半导体用铝连接，N 型半导体用银连接。

而诺伊斯给摩尔的意见是，可以考虑采用铝来达到"一石二鸟"的目的，即这两种材料都可以用铝来连接。但当时任何一位有一点互连经验的工程师都知道，铝之所以适合与 P 型半导体连接，是因为铝原子与形成 P 型半导体所掺杂的硼原子一样，其外层有 3 个电子。二者具有很容易融合并保持 P 型半导体的受主特性，也就是说这两种不同材料的界面态符合接触电阻较小的欧姆接触。

---

* 关于不同类型半导体和三极管的基本概念请参照《芯事：一本书读懂芯片产业》第 285 页的术语解释部分。

但相反的是，当铝与施主特性的 N 型半导体接触时，在高温工艺下会在接触表面形成再结晶的 P 型层，从而相当于在本应亲密接触的金属连线和 N 型半导体之间加入了一个第三者——PN 结。如图 1-8 所示，这样的界面态明显是不符合欧姆接触的，也就是说为了使这样的 NPN 三极管导通，N 型半导体所在的基区电极上要加入额外的电压来克服寄生 PN 结的肖特基势垒和与之对应的较大的界面电阻带来的电压降。

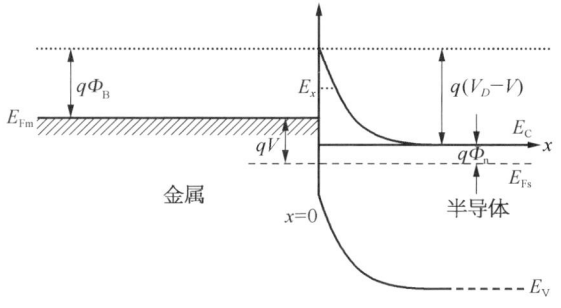

图 1-8 金属和半导体形成的肖特基势垒

显然，铝和 N 型半导体直接接触的话，三极管是不符合设计要求的。甚至用铝互连 N 型硅的想法在当时的某些专家看来，只是个没学好半导体物理的学生的幼稚想法。但诺伊斯则不同，他找到了改变金属与半导体界面态的本质方法，他坚持让摩尔去借鉴一下霍尔尼的一个工艺。摩尔在接下来的日子里，通过跟同事们进行讨论和不断地试错，终于找到了解决细节问题的方法。从图 1-9 的相关专利中，我们发现相关的 3 个重要的改进和发明是：① 提高铝的纯度；② 在

United States Patent Office

3,108,359
Patented Oct. 29, 1963

3,108,359
METHOD FOR FABRICATING TRANSISTORS
Gordon E. Moore and Robert N. Noyce, Los Altos, Calif., assignors, by mesne assignments, to Fairchild Camera and Instrument Corporation, Syosset, N.Y., a corporation of Delaware
No Drawing. Filed June 30, 1959, Ser. No. 823,838
12 Claims. (Cl. 29—25.3)

This invention relates to the fabrication of diffused-junction semiconductor devices, particularly double-diffused junction transistors, and has for its object the improvement of methods for fabricating such devices, to provide greater precision and control, manufacturing economy, and superior products.

The fabrication of high-frequency switching transistors, and the like, presents severe problems in the precise control of impurity levels and distributions, dimensional tolerances, and the maintenance of registration during successive steps in the process. For example, transistors now in large-scale commercial production by the method herein disclosed require the formation of emitter layers only 15 mils in diameter and 3.9 microns deep, above a base layer only 2.3 microns wide, at the top of a mesa 30 mils in diameter and 10 to 20 microns high, on a bit of silicon crystal having a thickness of only 60 microns. Some developmental transistors have even smaller dimensions—e.g., emitter layers only one mil in diameter. Contacts must be alloyed to each layer and leads attached, all with precisely controlled geometry and purity in order that transistors of consistent and reproducible characteristics should be obtained.

A particularly difficult problem arises in the formation and alloying of the emitter and base contacts. To minimize spreading resistance, the contacts should be as large as is feasible, but they must not short across the emitter junction. In a typical desirable configuration the emitter contact is a metalized dot, say 10 mils in diameter, centered on top of the emitter layer, and the base contact is a circular, metalized band, say 20 mils in inside diameter, concentric with the emitter dot. Thus, the base contact forms a metal barrier completely surrounding the edge of the emitter junction at the crystal surface. It has been found that this geometry greatly reduces the incidence of collector-to-emitter shorts. However, the deposition of such a small dot exactly concentric with such a small circular band, and both exactly placed relative to the small emitter junction, presents registration and other problems which are not easily solved, particularly where the base and emitter contacts are of different metals as has been generally necessary prior to the present invention if ohmic, or non-rectifying, contacts are to be made to both layers.

According to prior-art methods, as many as three successive evaporations through masks of various shapes were required to deposit contacts in the configuration described, and registration difficulties tended to reduce manufacturing economy and to increase the proportion of transistors which must be rejected as faulty. Furthermore, the use of different metals for the emitter and base contacts complicates the attachment of leads thereto, because different types of leads or different bonding techinques, or both, may be required.

The chief difficulty in using the same metal for emitter and base contacts is that suitable metals tend to act as P-type or N-type impurities in the semiconductor crystal. For example, in most respects aluminum is a very suitable contact material, markedly superior to silver, for use in the manufacture of silicon transistors. Since the aluminum forms a P-type impurity in the silicon, aluminum is easily alloyed to a P-type layer and forms a good, ohmic contact therewith. But, if aluminum is alloyed to an N-type layer, there is a tendency to form a P-type recrystallization layer immediately under the contact, which in effect adds an unwanted P-N junction and makes the contact a rectifying one rather than an ohmic one. This is why it has been the general practice heretofore to use different metals or alloys for the emitter and base contacts. Alloys incorporating N-type impurities can solve the difficulties with respect to the N-type layer, but the same difficulty then arises in the P-type layer if the same alloy is used for both emitter and base contacts.

Furthermore, in prior processes more than one evaporation may be required for depositing certain metals in a single pattern. For example, in evaporating through an ordinary mask, such as a sheet of metal into which holes have been etched corresponding to the desired contact areas, it is not possible to deposit a complete, circular band of metal, or O-shaped contact, in one operation, because the O-shaped hole in the mask must be broken at some point to provide a support for the dot that makes the center of the O. Hence, two separate evaporations have usually been required to form an O-shaped contact, which not only involves an extra process step in itself, but also presents additional registration problems which can be severe in view of the smallness of the dimensions and tolerances involved.

According to one aspect of the present invention, the same metal, preferably aluminum, is used for both emitter and base contacts. Ohmic contact between the contact metal and the semiconductor layer of opposite conductivity type is achieved by a combination of two effects: neutralization of the undesired impurities by an excess of those of opposite conductivity type; and substantial elimination of the regrowth layer under the contacts by control of the alloying procedure.

To neutralize undesired impurities by an excess of those of opposite conductivity type, two considerations are of importance: first, the difficult-contact problem should if possible be confined to the semiconductor layer having the greatest impurity concentration, usually the emitter; and, second, the contact metal should have a relatively low solubility in the semi-conductor material. For example, in an N-P-N silicon transistor, pure aluminum may be chosen as the material for making emitter and base contacts. Because the aluminum acts as a P-type impurity, no great difficulty is encountered in making an ohmic contact between the aluminum and the P-type base layer. Thus, the difficult contact problem is confined to the emitter layer, which generally has the highest impurity concentration. Furthermore, the saturation limit of aluminum in silicon is only about 10^{19} atoms of aluminum per cubic centimeter. Now, if the emitter layer in the region of the contact can be doped sufficiently heavily to provide a higher concentration of N-type impurities, the formation of an undesired P-type layer can be avoided. This is sometimes feasible; for example, an upper portion of the emitter layer might contain as many as 10^{20} atoms of phosphorus per cubic centimeter, a comfortable excess of N-type impurities, provided that recrystallization during and after alloying is restricted to this highly doped region of the emitter.

However, certain qualifications and precautions must now be observed. In diffused-junction transistors, the impurity concentration is graded rather than constant, and the alloying procedure, and in particular the depth of alloying, must be carefully controlled to limit recrystallization to regions of sufficiently high net impurity concentrations of the desired type. Also, other design considerations to achieve the desired transistor characteristics may dictate the use of lower impurity concentrations. Hence, overcompensation of undesired impurities by the use of high impurity concentrations of the desired type provides a complete solution to the problem only in a few special

图 1-9 解决三极管铝互连的相关专利

三极管背部加镍；③ 重掺杂*。

　　重掺杂是至关重要的技术突破，所谓"重掺杂"是指在 N 型硅中掺入更多杂质以抵消铝接触导致的 PN 结。也就是说把多余的 P 型再结晶层中和掉。如图 1-8 中所示的表征界面态，可以发现，双金属互连的方案只考虑了通过金属银来改变与之接触的 N 型硅的界面电阻，而没有想到通过加工半导体的方式，也就是通过重掺杂构成界面的另一个材料硅来解决问题。单向的一维线性的思考模式变成了多角度的二维非线性的分析新范式。在当时看似唯一、不容置疑的"标准"工艺，在诺伊斯的脑中只是个随时都可以更改的变量而已。单金属互连问题的解决，大大简化了双金属互连时烦琐的加工步骤，过去需要几个掩模版（mask）才能实现的工艺，现在一个掩模版就够了。因此，无论是加工成本还是高额的材料成本都得到了大幅的下降。有了大量的技术改进带来的成本降低的经验，难怪诺伊斯在 1965 年敢放出单颗芯片 1 美元的豪言壮语（这与乔布斯每首歌 0.99 美元的商业策略还是有所不同的）。

　　某种程度上，在仙童初期"八人帮"的其他核心成员眼中，诺伊斯实现了他们当时没在肖克利身上实现的大部分预期。在研发上，作为理论学得最好、实践起来得心应手的"老大哥"，诺伊斯像导师一样，早早地看到问题的本质和解

---

* 虽然现在半导体的互连材料已经由铝变成了铜合金，但这种"重掺杂"的方法仍然沿用至今，百试不爽。

决问题的可能性,并把这种可行性让其他更具工艺操作能力的同事们进一步地探索和实现。而他呢?则开始了下一个针对工程或产品问题的思想实验。

诺伊斯的想象力来源

从灵感的来源上看,诺伊斯的思考方式和毕加索很像。毕加索说过一句名言:"我不用寻找,我只是(直接)发现了(答案)(I do not seek, I find)。"诺伊斯本人很认同这句话。

如果你问他当初为什么坚持让摩尔去实验铝互连的可能性,他很有可能会跟你说,这些答案只是朝他扑面而来而已,直觉告诉他这个技术"有搞头"。当然,这并不意味着诺伊斯的想法每次都"中奖"。但他的这种前瞻性设想却是值得我们勇敢借鉴的。而这种直觉并不等同于瞎猜或者暴力穷举的试验田式方法,它源于诺伊斯长期建立起来的理论物理、半导体物理和固体物理中对公式和定律现实意义的不断映射与活学活用,以及多次尝试后逐渐建立起来的敢想敢做的自信心。

微电子专业的学生在本科的时候最常见的一个问题就是,为什么要学这些看似枯燥的公式和背后的理论知识,它们对专业和将来的工作到底有什么用呢?这个问题,本科时的诺伊斯也同样遇到过。

1949年1月,大四下半学期的诺伊斯经过半年的休学期(因在退伍军人的怂恿下偷了市长的猪而被惩罚)回到格林内尔学院。就像现在的毕业设计一样,诺伊斯和当时最喜欢的大学物理老师格兰特·盖尔(Grant Gail)一道研究起了肖克利所在贝尔实验室关于晶体管的相关资料。要知道,在那个互联网和个人电脑都不存在的年代,这些资料对于这对师徒来说简直如获至宝。这都要感谢盖尔教授的妻子(晶体管发明人约翰·巴丁的儿时朋友)和贝尔实验室的总裁奥利弗·巴克利(Oliver Buckley,海底电话电缆之父)所提供的帮助。

在盖尔教授的引导下,诺伊斯一头扎进了这个具有"伟大现象"的前沿技术中。由于手头上只有资料没有实物,他们只能从理论和论文分析着手,学习晶体管的相关知识。目的也很简单,就是想将来也做出个晶体管。

经此锻炼,当时年仅22岁的诺伊斯实际上已经具备了很多贝尔实验室科学家们一样的专业知识。甚至在他1949年6月到人才济济的麻省理工学院(MIT)开始攻读博士时,MIT还根本没有教授知道这个诺奖级的发明是什么,甚至物理系还要聘他去给本科生讲授理论物理的课程。他不得不自己通过选课和参加研讨会的方式拼凑起和晶体管有关的知识,并在韦恩·诺丁汉教授的指导下着手研究名为"绝缘体表面态的光电研究"的课题。虽然实验结果并不理想,但这并没有影响诺伊斯的毕业。更重要的是,这次经历完成了他从理论达人向实验新手的转型,也奠定了其在"八人帮"中服众的"老大哥"地位。

当其他人每天早上6点来到肖克利的公司恶补理论的时

候，诺伊斯已经可以跟老板很深入地讨论研究内容了。因此可以说，诺伊斯在本科期间就已经被盖尔老师领进了半导体的殿堂而无法自拔，与没有工作经验的研究生相比，他很早就主动选择了将来要投身的领域和事业。这也使得他对相关的知识和机会如饥似渴，甚至在参加肖克利的面试之前就已经带着妻子在当地租好了房子。相信在当时的诺伊斯看来，他在这个领域真的是"舍我其谁"。

这里要多说一点在本节中被反复提到的肖克利，虽然后人经常通过贬低肖克利的管理无方来暗衷"八人帮"被埋没的才能。但不得不承认，肖克利在半导体的研究上却是绝佳的引路人，仙童创立之初的招牌技术三极管，都是在肖克利的孵化器中"偷偷"孕育而生的。但在未来技术的洞见方面，诺伊斯早早地就超越了他的老板。

诺伊斯的内心世界

最后，来深入诺伊斯的内心世界，探寻他的性格特点和与之相符合的学习习惯。很多名人传记习惯于把主角从小到大的经历都与他取得的辉煌成就联系在一起。很多读者也会因主角似曾相识的过去而共感那份荣誉。然而大部分情况都是旁观者的"一厢情愿"。天才之所以是天才，重点不在于他和常人有多少共同之处，而在于其过人之处。学习方式、思考方式和管理方式都来源于同一个大脑，并不存在绝对的某块脑区来完成具体某个方面的任务。这也意味着一个人的思维习惯是指导其所有行为的。诺伊斯就是一个很好的例子。

很多东西都是一体两面的。一方面，诺伊斯不爱说不的"坏习惯"在管理上确实并非明智之举，甚至还导致某些员工离开仙童。如果当年诺伊斯对霍夫说不的话，世界上的第一款商用CPU 4004就会胎死腹中，甚至英特尔也会因为缺少这个金牛产品而难以为继。另一方面，诺伊斯不愿否定别人的原因之一是他不愿意扼杀任何的可能性。而究其根本，这要源于学生时代的诺伊斯对基础知识的"异于常人"的理解方式。

与成绩好就等于学得好的学生不同，成绩理想只是他思考问题的副产品，教材和课堂的知识边界早已满足不了他的求知欲。从小到大设计新东西的经验和获得的认可让诺伊斯相信，书本的知识和老师讲授的并不是事实的全部。他不甘于仅仅作为被动的授课对象，而是把超越老师与作者，走出前人没能敢于突破的领域当成一种"勇敢者的游戏"。在完成作业后，他更愿意的是与老师平等地探讨悬而未决的内容。与已有答案的题目相比，他更喜欢挑战没人尝试过的新问题。因此当看到任何有趣的东西的时候，诺伊斯考虑的不是这个东西要花多长时间，是否会耽误现在的主要目标等消极的想法。而是在探索和挑战的刺激下，会兴奋地"不计成本"地投入其中搞出个究竟。

正是这种看似不同寻常的"叛逆"和"多管闲事"，让诺伊斯脑中的认知网络摆脱了千人一面的板书和例题记忆体，在不断地再思考中,与知识点对应的神经元之间建立了牢固的"多线程链接"。真正拥有了学校教育之外的知识的广度和深度,以及做人做事的厚度。

因此,在遇到具体问题时,脱口而出的解决方案并不是急中生智或上天眷顾,而往往来源于长年累月思考的阶段性记忆。正是这种"头脑风暴"才促成了诺伊斯的与众不同。

诺贝尔奖的无冕之王

实际上,除了集成电路,隧道二极管(tunnel diode)的负阻效应也是诺伊斯在1956年就提出的诺奖级思想实验的结果。根据诺伊斯当年的笔记(图1-10)可以看到,他通过分析量子力学中的隧穿效应,提出了二极管在重掺杂下出现负阻效应的可能性,并通过能带图进行了解释,即当给予

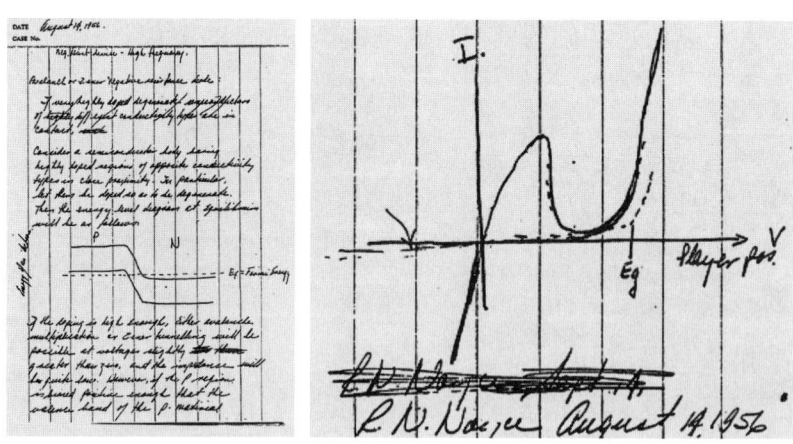

图1-10 诺伊斯1956年关于隧穿效应的能带解释和负阻效应示意图

二极管的 P 型半导体增加一定正向偏压时，N 型半导体的费米势将会提高，直至 P 型半导体中的空穴和 N 型半导体中的电子能级相一致时导致隧穿效应的发生，即 N 型半导体中的电子将从势垒的下方（而不是越过势垒）移动到 P 型半导体中，从而产生隧穿电流。这就像与走盘山路越过高山的货运汽车相比，穿过山下隧道出入口的火车可以更迅速地完成物流任务一样。在较小的偏压下隧道二极管就可以运输载流子产生明显的电流。这项发明的应用意义在于由此设计出来的二极管将作为核心器件，使得高速开关和高频电路成为可能。

然而，根据当年摩尔的回忆，当他把诺伊斯的设想展示给刚刚获得诺贝尔奖不久的肖克利看时，肖克利并不同意他们继续深入地做相关的试验研究。因为在他看来，这浪费了他们在公司打工的时间和精力。摩尔和诺伊斯最应该做的就是全身心地投入到他已制定好的原有计划中，而这个计划是不容置疑的（虽然后来不断改变计划的正是肖克利本人）。

更可笑的是，当 1973 年江崎玲于奈因发明隧穿二极管而获得诺贝尔物理学奖时，肖克利却对其工作给予了高度的肯定。真不知道当时 45 岁的诺伊斯会做何感想。我们唯一可以确定的是，与技术本身相比，诺伊斯更看重的是如何把这些技术推广和应用在公司的产品中。在某种程度上，公司也只是他实现技术应用的媒介而已。

其实，无论是在 1960 年的仙童，还是现在的半导体公司，芯片的工程师们内心最佩服、最敬畏的往往是既懂基础科学又能活学活用的实践牛人。这些人在他们看来就像是会移动的教科书和关键时刻能够救人于水火（解决关键问题）的锦囊妙计。

像诺伊斯这样的"神人"甚至可以很早地预见关键的技术节点，并在需要技术支持的时候给予提示。跟着这样的人做事情，仿佛自己也沾了"伟大"的光，甚至人生的意义都有了"保障"。也许这就是诺伊斯的个人资本和魅力之一。

诺伊斯的创新之道同样解释了为什么他在学习之余还拥有如此之多的爱好以及爱情。与其说他渴望成为一个万人迷，不如说诺伊斯是个享受拓展自我认知边界的人。哪怕这种探索会让其烙下终身的伤痛（滑雪受伤的胳膊），但下次新挑战出现时他仍会一往无前。

正如他自己所说：不为过去所束缚，放手创造精彩（Don't be encumbered by history. Go off and do something wonderful）。诺伊斯的时代某种程度上正处于芯片工艺技术方兴未艾之时，单颗集成的晶体管逐渐变成多颗集成的集成电路，英特尔创办的 10 年时间里就迎来了线宽 3 μm、集成度 15 万的超大规模集成电路（very large scale integration）。诺伊斯这个工艺和晶体管原理高手也逐渐把研发交给后来者，让他们延续摩尔定律的传说。但某种程度上，无论是负责管理的格鲁夫还是负责处理器的霍夫都深受"余威犹在"的诺伊斯各种负面和正面的影响，没有诺伊斯，微处理器 4004 就不会出现在英特尔，甚至英特尔能否继续存在都是个问题。

3. 从 4004 说起

4004 的由来

在美国加州圣克拉拉的英特尔展览馆里陈列着这样一款芯片：The Intel 4004 microprocessor. Introduced in 1971, Intel's first processor revolutionized the way electronic devices were designed，如图 1-11 所示。意思是：英特尔的 4004 微处理器于 1971 年面世，它作为英特尔的第一款处理器变革了电子元件的设计之道。事实上，如果没有 4004，英特尔很有可能在未来成为单卖存储器而濒临破产的初创公司。因此，上述文字转译成业内人士的话就是：毫不夸张地讲，它不仅挽救了母公司，更引领了数字集成电路的未来。没有它，CPU 至少要晚出现 10 年。封装后的 4004 如图 1-12 所示，它经历了从陶瓷到塑料的封装转变。

图 1-11　英特尔展览馆中关于 4004 的介绍信息

图1-12 不同封装方式的 4004 芯片

实际上，如图 1-13 所示，4004 芯片只是芯片组 MCS-4 中的一员，排名在它之前的还有 4 位的只读存储器 4001，4 位的随机存储器 4002 和 10 bit 的输入输出寄存器 4003。前面 3 款芯片只要在英特尔原有芯片的基础上优化就可以得到，只有 4004 是真正意义上的"专业定制"。从图 1-13 的芯片版图中也可以看出其复杂程度和晶体管密度都是 4 款芯片中最高的。

看到这里，可以想象出英特尔面对入不敷出的窘境和彼时他们全体动员、上下一心、破釜沉舟研制出 4004 的情景吗？如果是后续产品 8080 的话，真的很可能是。但如果是最初的 4004 的话，可真的不是，真实的情形与想象完全相反。这一点从表 1-4 中可以略见一斑。无论是原创性、资金

| 第一章 | 早期芯片产业 |

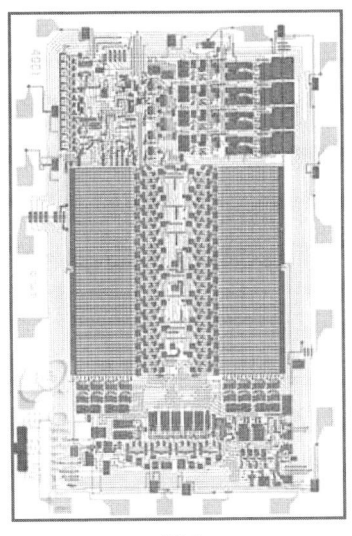

4001

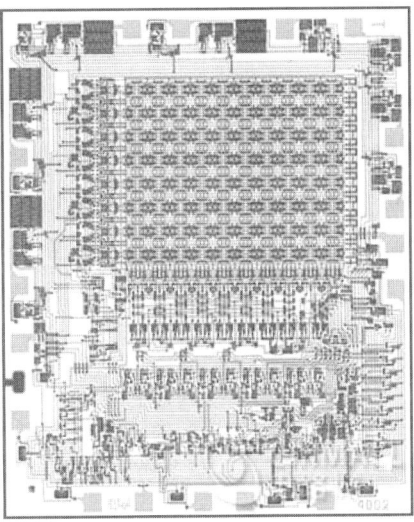

4002

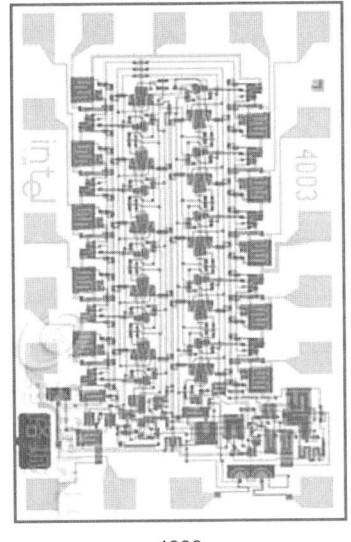

4003

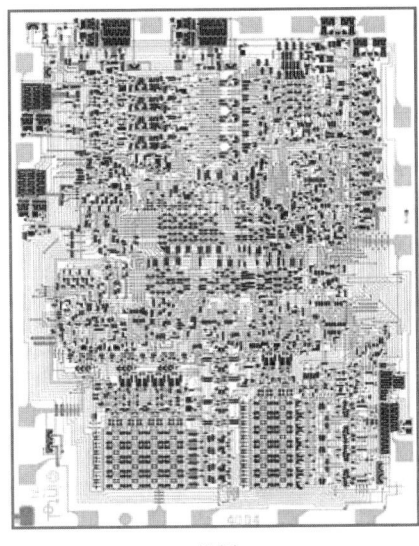

4004

图 1-13　MCS-4 芯片组

4001：带 I/O 口的只读存储器；4002：4 位随机存储器；4003：静态移位寄存器；4004：4 位处理器芯片

表 1-4　英特尔 4004 的主要信息

应用	日本比吉康（Busicom）的计算器芯片
功能	完成四则运算和数据的寄存功能
商业洽谈	诺伊斯（英特尔） 佐佐木正（夏普） 小岛义雄（比吉康）
工艺、硬件参数和性能	10 μm 的工艺，晶体管数量 2 300 个，总线宽度 4 位，时钟脉冲 740 kHz 程序内存 4 kB，可寻址内存 640 bytes，每秒运算 6 万次
封装	灰色花纹陶瓷（拍卖价 1 425 美元） 白色陶瓷（拍卖价 452 美元） 灰色陶瓷 塑料

支持、技术开发、高层重视程度，还是市场前景，作为处理器大家庭中的"老大"都是"不招人待见"的。

那 4004 到底是怎么来的呢？事情起因于诺伊斯的一次日本之旅。1969 年的日本在集成电路方面属于陪跑状态，其国内的计算器龙头公司卡西欧当时在国际上最多也只能算是第二梯队。因此，就像现在的某些投资人觉得和股神巴菲特仅仅吃顿饭就可以吹一辈子牛一样，当时日本的企业家觉得如果能与技术和公司都做到国际顶级的诺伊斯博士聊上几句那将是三生有幸。日本的公司都以能用上英特尔的集成电路而感到荣幸之至。

在众多的粉丝中就有夏普的主管佐佐木正（Tadashi Sasaki），虽然他和英特尔没能谈成生意，但为了让偶像不虚此行，他在晚餐期间拉来了大学好友比吉康的总裁小岛义雄（Yoshio Kojima）。比吉康作为第 N 梯队的一员，为了在

| 第一章 | 早期芯片产业 |

计算器市场上放手一搏,急需先进的晶体管 MOS 技术做成的集成电路来充当变身黑马的独门秘籍。因此,双方一拍即合。但在很多人看来,诺伊斯只是为本来就忙于存储器设计的英特尔设计团队拉来了一单毫无前景的"私活儿"。

4004 的核心团队

与当初在仙童量产集成电路的设计团队一样,做这单生意的团队同样是一帮刚入职不久的新人,如图 1-14 所

图 1-14 英特尔 4004 的主创成员
上左起:岛正利、法金,下左起:霍夫、马索,后 3 位于 1996 年进入发明家名人堂并在之后获得了时任总统奥巴马颁发的发明勋章

示,他们分别是日方的岛正利,以及美方的费德里科·法金(Federico Faggin)、马尔齐安·爱德华·泰特·霍夫(Marcian Edward Ted Hoff)和斯坦·马索(Stan Mazor)。他们的分工如表 1-5 所示,首先是霍夫和岛正利经过讨论精简了芯片的数量,确定了初步的框架结构(图 1-15),之后霍夫拉来了刚从仙童跳槽不久的年轻软件工程师马索补

表 1-5 英特尔 4004 的主创成员和分工

设计团队主创人员	负责内容
法金	构架、版图和测试
霍夫	硬件构架
马索	指令集编写
岛正利	逻辑设计

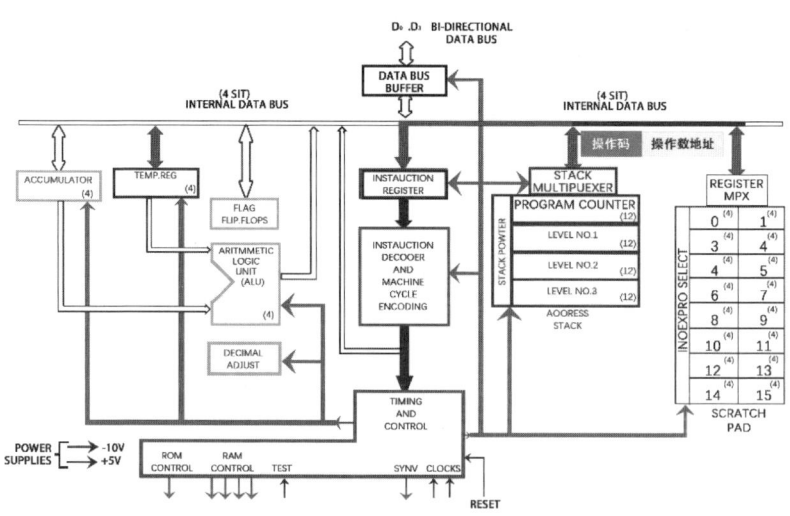

图 1-15 英特尔 4004 的主要框架结构

第一章 早期芯片产业

上了自己编程方面的短板。最后,当项目停滞不前面临终止合同的时候,是29岁的意大利籍的硅栅MOS发明人法金力挽狂澜,真正担负起了后续工作的重担。他每天疯狂工作12~16个小时,几乎是靠一己之力完成了最后版图的绘制和芯片的测试工作(图1-16),并于1971年11月发布了产品。

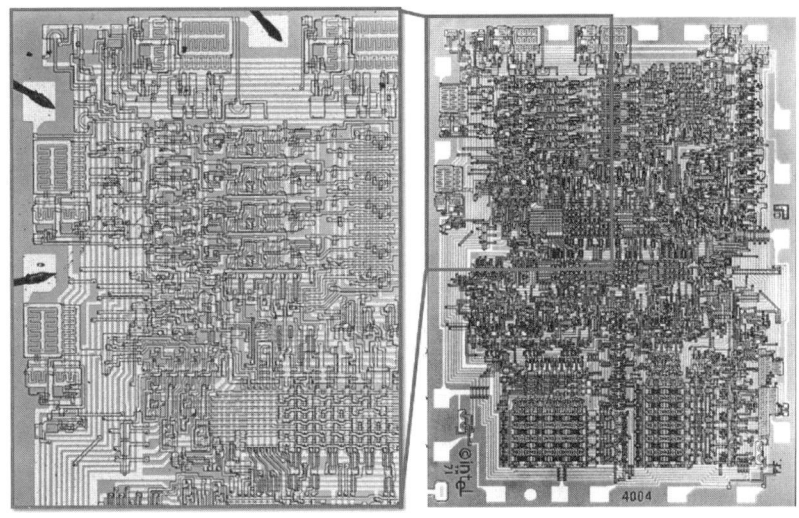

图1-16 法金绘制的英特尔4004的版图

创新与保守

这时公司的其他人正在竭尽全力将现有的存储器芯片技术发挥到极致,以期公司能够扭亏为盈。但芯片产业整体的周期性衰退使得这时的同类公司都苦不堪言、无力回天。

芯事 The big bang of the chip

当时公司的三把手格鲁夫非常生气，因为公司的 CEO 不仅拐跑了他的人，而且连声招呼都没打。因此，他不仅调走了霍夫，还非常不看好这个边缘项目。

按理说，事情的发展对 4004 来说非常不利，但这时那个外援"神助攻"又及时"给力"了。是的，你没猜错，那就是老冤家德州仪器。事情源于计算机终端公司（Computer Terminal Corporation, CTC）的一单和比吉康很像的生意。本来这个生意第一个找的是英特尔，但是这个名为 1201 的项目并没有得到足够的人手，因此，CTC 把合同转给了德州仪器。结果德州仪器的广告让好斗的格鲁夫破天荒地推动了与 CTC 的洽谈并开始支持 1201 项目，并于 1972 年的 4 月发布了名为 8008 的 8 位处理器芯片。

但是不要以为格鲁夫已经对微处理器产生了 180 度的转变态度，当法金拿着未来的微处理器的设计方案找到他们这些管理高层时，格鲁夫说："微处理器对我来说什么也不是。我为了让存储器的良率提高两个点而忙得脱不了身。"公司的部分董事也觉得英特尔最不需要的就是将注意力和精力分散到一个未经验证的全新产品线上。说白了，公司不愿意冒这个险。好在有诺伊斯、摩尔和董事长亚瑟·洛克的力挺，法金他们才保住了这棵独苗并于 1974 年向公众交出了令他们满意的答卷——8080。

8080 是一枚 8 位处理器，采用 6 μm 工艺，性能优于其上代产品 8008 10 倍，主频为 2 MHz，可寻址内存 64 kB，7 层堆栈，它集成了 6 000 只 NMOS 管，拥有 16 位地址总线和 8 位数据总线，包含 7 个 8 位寄存器，支持 16 位寻址，同时它也包含一些输入输出端口。

如果这些定量的数字仍然不能让您感受到它相比 4004 性能质的飞跃，那么还有一种现象可以说明任何产品的成功程度，那就是被"山寨"。就像苹果手机出来之后重塑了智能手机的设计一样。8080 一出，其他各国的公司也急红了眼，他们在几个月内通过自主研发、挖人、偷展览的原型机，逆向设计出了诸多功能不相上下的山寨版 8080。

除了应用于交通灯和游戏街机之外，8080 延续微处理器神话的主要原因是它催生了另外一项极客发明——个人电脑。1975 年，一家名不见经传的电子公司 MITS 开发出了后来被称为"个人电脑鼻祖"的阿尔泰（Altair）8800 电脑。"Altair"翻译成中文是牛郎星的意思，这个名字来源于当时的美剧《星际奇航》中"企业"号飞船的最终目的地，是开发者电脑发烧友埃德·罗伯茨（Ed Roberts）的女儿边跳沙发边想出来的。

Altair 短短数月内就销售了数万台。《大众电子》杂志在当年的 1 月份对这台价值 395 美元的世界上第一台个人电脑进行了报道。当时的这台电脑只是手工制造的，准确地说是将一堆零部件焊接到电路板上才能像图 1-17 一样。而当时的这款电脑连显示器和键盘都没有，如图 1-18 所示，它只能执行 8 位二进制数字的加减运算和结果的存储。

原型机一般都是粗糙的，但其巨大的潜力鼓舞了 4 位年轻人开始了关于个人电脑的创业。其中，两个人负责做软件，

图 1-17 《大众电子》杂志在 1975 年 1 月对第一台个人计算机的报道和阿尔泰的原型机

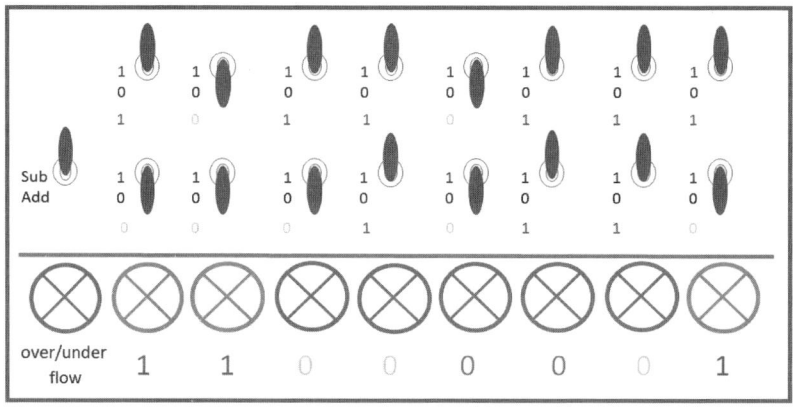

图 1-18 阿尔泰的加减和进位基本功能示意图

给它编 basic 语言,而另外两个人则负责开发它的组装硬件。前两个人叫比尔·盖茨(Bill Gates)和保罗·艾伦(Paul Allen),他们开创了未来的微软帝国。而后两个人是 21 岁的史蒂夫·乔布斯(Steve Jobs)和 26 岁的斯蒂芬·盖瑞·沃兹尼亚克(Stephen Gary Wozniak)。

虽然他们的第一代电脑如图 1-19 所示连显示器都没有,但这的确是著名的苹果公司的第一单产品。而这家公司几十

图 1-19　苹果第一代个人电脑

年后的另外一项产品将反过来改变了包括英特尔在内的各大芯片设计和制造公司的命运。

不该被遗忘的细节与后续

将时间拨回到微处理器诞生之初，那时大部分的人包括英特尔的高层管理人员并没有意识到 CPU 和 PC 这些概念的重要性。更令人可惜的是，就像当初的仙童集成电路小组一样，英特尔的"四人帮"（后来岛正利加入了英特尔团队）只有霍夫一直留在了母公司，其他几人，特别是 1974 年离开的法金就像他们当年吵架时说的那样，被格鲁夫从公司的正史中彻底抹去。他后来开创了自己的公司 Zilog，并设计和生产了 Z8000（当时最好的 CPU，没有之一）。

芯事 The big bang of the chip

不过历史并没有忘记他们，如果仔细观看图1-16中4004版图的边缘就会发现两个相同的字母"F.F"。法金在2015年的文章中是这样描述它的："当4004的版图完成的时候，我像艺术家喜欢在完成作品时留名一样，伴随着激动的心情，我在芯片金属掩模版的右下角留下了我姓名的缩写'F.F'，我觉得自己创造的版图不仅是具有功能的技术产品，更像是一幅充满创作激情的艺术品。当后来英特尔企图抹杀我对4004的贡献时，这个签名就像是开枪后的硝烟反应一样证明了一切。"

虽然团队合久必分，但微处理器技术的种子在英特尔算是早早扎实地种下了。5年后的1979年，16位处理器8086伴随着格鲁夫的用户解决方案"粉碎行动"（Operation Crush）强势登场。至此，英特尔通过豪赌真正拥有了令其问鼎芯片产业近50年的产品——X86构架。而过去的主打产品内存呢？格鲁夫到1985年终于放弃了这个日美芯片价格战的赔钱货。能做到这一点的公司高层屈指可数，在公司大局面前，格鲁夫可以做到毫不犹豫地"自扇耳光"（当众打脸）。

此外，把英特尔和当时最大的竞争者TI的微处理器芯片做个同期对比，看看能发现什么不同。

当时英特尔只有不到200名员工，但TI却有着4.5万名员工，它的实力是强劲的。在不到一年的时间，TI就率先推出了世界上第一个8位处理器TMX1795[图1-20（a）]，并且在《商业周刊》（Business Week）当年的最新一期刊登了广告，其标题是"一颗芯片上的中央处理器"。也就是说，当

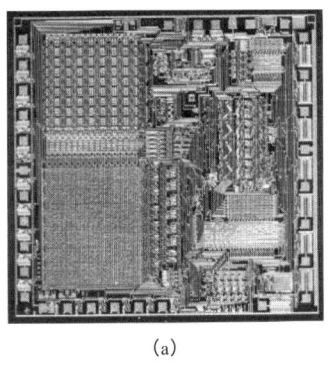 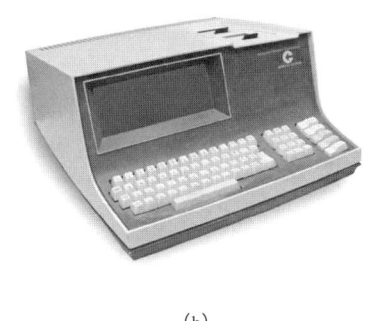

(a) (b)

图 1-20　TI 的 TMX1795 版图 (a) 和 CTC 需要微处理器的 Datapoint2200 计算器 (b)

英特尔刚刚制造完芯片，内部还在讨论是否推向市场时，TI 的同类产品已经开始销售了。这反而激起了原来对 CPU 不待见的格鲁夫的斗志，两个公司在随后的日子里围绕着 CTC 展开了竞争。

不过最后的真实情况是，两家都没有收到 CTC 的钱。CTC 对 TI 说是因为芯片功能没能满足要求，对英特尔说是产业衰退，芯片价格暴跌，因此终止合同。但真实的情况是，这两家的设计都满足了 CTC 计算器的要求［图 1-20 (b)］。而 CTC 因为成本原因最终仍然选择用原来的双极性，也就是三极管芯片。

和比吉康的生意很像的是，英特尔虽然没拿到钱，却获得了 CTC 有关 1201 项目，也就是 8008 的全部权利。虽然 TI 在之后又推出了 16 位的 TMS9900、TMS9940 和 TMS9980，甚至包括世界上第一台 16 位计算机 TI-99/4，但由于其 CPU 功能只集中于计算器，并缺少外围兼容芯片的问题，再加上竞争对手英特尔不断地推陈出新，TI 在 CPU

的技术上逐渐落后，失去了市场。一句话，英特尔的处理器赢在了"通用"二字上。

然而，历史不以一时的胜败论英雄，虽然德州仪器被英特尔挤出了集成电路中CPU的细分赛道，但目前在模拟电路的技术和市场份额上，全球范围内没有一家公司能出其右。2020年，德州仪器模拟芯片的总销售额为109亿美元，市场份额为19%（全球模拟芯片总销售额为570亿美元，排名前10的模拟芯片厂商2020年总销售额为354亿美元，占全球模拟芯片总销售额的62%，这个份额和2019年持平）。可以看出，作为集成电路技术的开拓者，德州仪器仍然享受着技术领先带来的红利。而如果想延续这种红利，我们就不得不提到"摩尔定律"。

4. 摩尔定律意味着什么

摩尔定律的"数据来源"

即使你对摩尔定律并不了解，也一定能感受到它所带来的经济效应：U盘存储量变得越来越大，电脑和手机上市不到一两年就降价了，而且新品很快就面市了。这里涉及摩尔定律里的两个关键词："集成度"和"成本"。事实上，摩尔定律并不像字面意义上的"集成电路中晶体管的数量每年翻一番，成本打对折"这么简单。

我们对于摩尔定律所掌握的相关信息主要来源于1965

年 4 月 19 日戈登·摩尔发表在《电子学》的一篇观察评论报告——《在集成电路中填充更多的元件》(Cramming More Components onto Integrated Circuit)。然而更准确的情况是，该论文中的相似内容早已发表于仙童公司 1964 年的内刊中。当时的文章标题是《集成电子学的未来》(The Future of Integrated Electronics)。只不过与之相比，《电子学》杂志中的评论报告在曲线上增加了 1965 年的数据，并根据这些数据进行了预测。

如图 1-21(a) 所示，根据摩尔 1995 年的回忆，1959 年集成度的纵轴值 "0"（1 的对数）来自摩尔本人 1959 年参与设计和制造的平面晶体管（planar transistor），而 1962 年的数据来源于本章第一节提到的 1962 年仙童生产的 Flip-Flop 触发器。该芯片由 4 个晶体管和 3 个电阻构成，因此对应的纵轴值约为 2.8（7 的对数）。此外，其他 3 个数据来源于 1960 年代的数字电路模块。

因此，可以说摩尔当时仅仅是根据 5 个数据就对集成电路的未来 10 年（1965—1975）进行了预测。事实上，如图 1-21(b) 所示，1965 年关于摩尔定律的完整表述是："在最低元件成本的情况下，（集成电路的）集成度将每年增加一倍。从短期来看，该增长率即使没有提高也将保持下去。从长期来看，虽然不完全确定，但仍然有理由相信在未来的 10 年里该增长率会保持不变。这意味着到 1975 年，最低元件成本下单个集成电路上的元件数将达到 65 000 个。我相信，如此大规模的电路是可以在单个晶圆片上做出来的。"

不仅如此，如图 1-21（c）所示，摩尔还通过对比 1962 年和 1965 年的数据，预测"未来 5 年的时间里（1966—1970），元件的数量将提高一个数量级，即 10 倍，而相应地集成电路的成本将下降为 1965 年的 1/10，即平均每年下降 1965 年成本的 18%"。

如图 1-21（c）所示（曲线呈现凹形），在相同的年代里，集成电路刚开始的成本随着集成度的提高而降低，后来又逐渐增加是因为考虑到良率的问题。新的工艺都需要调试，只有随着时间的增加和经验的积累才能进一步提高良率，进而有效降低成本。换句话说，同样要求做单颗芯片上元件数为 100 的集成电路，1965 年时的工程师即使很努力，但短时间内生产 10 颗芯片也只有 1 颗能够符合设计要求，然而，这 1 颗芯片要加上另外 9 颗废片的成本，因此芯片价格居高不下。

到了 1970 年，随着研发的投入，工艺已经成熟，良率接近 100%，工程师不断地在试错中积累经验解决问题，因此，这 10 颗芯片都能符合设计要求。在这种情况下，消费者只要付 1 颗芯片的钱就可以了。也就是说，相对于 1965 年，1970 年的集成电路的成本只有其 1/10。这也解释了为什么同样容量的 U 盘，隔了几年就会大幅度降价的原因，也解释了为什么同年代的产品，容量大的 U 盘要比容量小的更贵一些。

摩尔定律的"定量描述"

仔细观察图 1-21（a）和图 1-21（c）就会发现，摩尔描

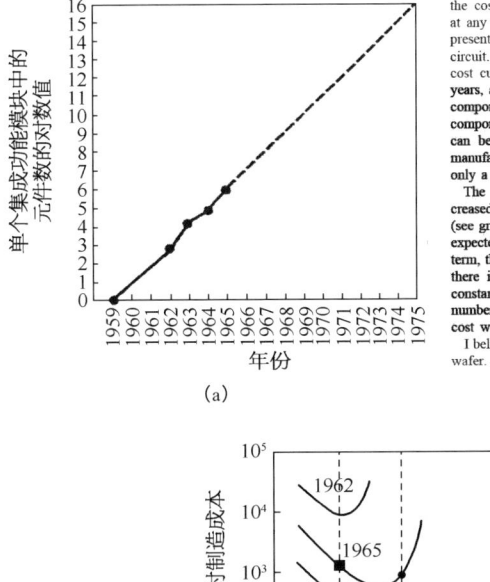

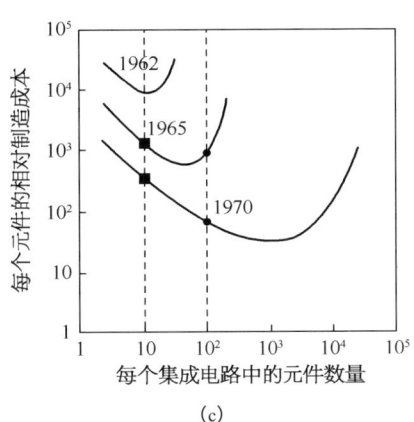

图 1-21 戈登·摩尔在 1965 年发表的论文中有关摩尔定律讨论的图文 (a) 单个集成功能模块中的元件数目 (取对数后) 与年数的关系和; (b) 摩尔定律的文字表述内容; (c) 每个元件成本与元件数目的关系

述的就是两个简单的数学表达式 (式 1-1 和 1-2)。

$$集成度 = 2^{年数} \quad (式1-1)$$

为了便于表示,摩尔将纵坐标取了以 2 为底的对数。因此,年数与集成度的指数关系变成了图 1-21 (a) 中的线性曲线，其相应表达式为：

$$\log_2 集成度 = 年数 \quad （式1-2）$$

此外，摩尔还对成本和年数进行了相关性的统计，其相应的表达式为：

$$成本 = \frac{最初成本_{1959}}{年数 \times 2} \quad （式1-3）$$

1972年，任职于美国数字设备公司（Digital Equipment Corporation, DEC）的戈登·贝尔（Gordon Bell）根据小型机VAX和PDP所使用的微处理器，做出了如下预测："如果保持计算能力不变，微处理器的体积每18个月缩小一半，价格降低一半。"虽然从文字表述上看，不如公式精确，但某种程度上算是对摩尔定律的一个修正和补充。

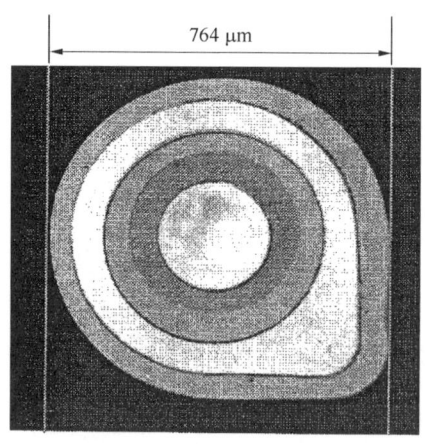

图1-22　生产于1959年的三极管

在统计数据如此少的情况下，摩尔 1965 年报告的说服力显然是有继续探讨的空间的。就像摩尔后来接受采访时所说，他当时也不完全相信自己的预言。因此，在 10 年后（1975 年）的国际电子器件会议（International Electron Devices Meeting，IEDM）上，摩尔将增长率由"每年翻一番"改为"每两年翻一番"，并追加了一系列的后续数据加以证明。

如图 1-22 和 1-23（a）所示，摩尔分别对三极管和 MOS 管的逻辑电路和阵列结构的集成电路进行了展示。其中，图 1-23（a）中最右一个点对应的电路为阵列结构的电荷耦合器件（charge coupled device，CCD）存储器的集成数目约为 64 K。1995 年，如图 1-23（b）所示，摩尔再次用 DRAM 存储器和处理器（processors）的数据证明了摩尔定律两年一番的延续性。准确地说，根据 2010 年的数据，DRAM 和 CPU 分别是每 18 个月和 24 个月翻一番。截至目前，摩尔定律仍然"未完待续"。

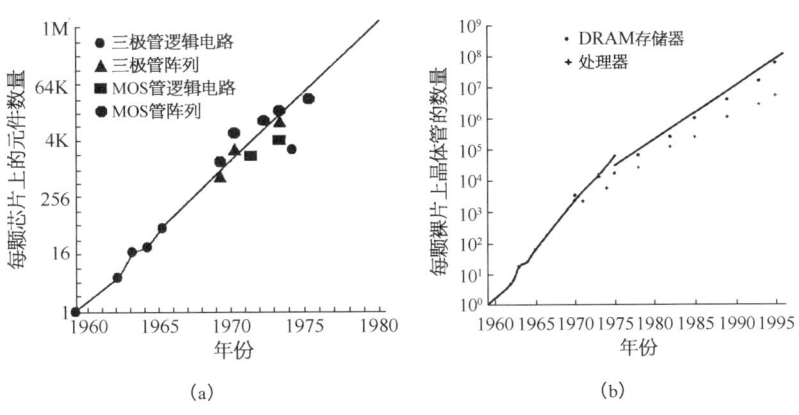

图 1-23　摩尔定律截至 1975 年（a）和 1995 年（b）的曲线与数据

摩尔定律的"现实意义"

摩尔在 1995 年的发言中说:"我认为,我们的进程之所以能够变为现实主要有两个原因:① 极其宽松的市场下,大量可供消费的新应用的出现;② 墨菲定律*在技术上的例外。"所谓的"例外"指的是工程师们秉承着"如果某个地方可能出错就一定会出错"的严谨态度,在工艺技术的研发上精益求精,毫不懈怠。也只有这样,才能保证在短时间内实现集成度和良率的提高,公司的盈利才能得以保障,摩尔定律才能够保持几十年的记录并得以延续。

然而,由以上数据可以看出:摩尔定律显然是一个根据过去的数据对未来的一种"猜想"。如果想保证它的准确,就需要不断地根据后续的真实数据对其表达式进行修正。此外,摩尔定律是一个仅与部分"数字电路"产品的集成工艺相匹配的统计结果。

在 1965 年的报告中,摩尔就曾指出:由于电容值和电感值需要较高,线性的模拟电路不会像数字电路一样呈现统计数据的趋势。也就是说,摩尔定律无法代表所有集成电路的发展趋势。事实上,根据实际需要和市场需求,大部分的模拟电路和 MEMS 芯片都用不着所谓的"最小工艺制程"。就连摩尔都承认,当时也不相信能有一家公司可以按照这样

---

* 墨菲定律:如果有两种或两种以上的方式去做某件事情,而其中一种选择方式将导致灾难,则必定有人会做出这种选择。其根本内容是:如果事情有变坏的可能,不管这种可能性有多小,它总会发生。

的速度推进集成电路的制造技术。该定律所预计的曲线趋势之所以能够"理论联系实际",是不同时期的市场竞争、电子产品功能升级以及用户需求激发集成电路公司的结果。

从一开始,摩尔定律就成了摩尔为了宣传方兴未艾的集成电路产业的旗帜。随着技术的创新和发展,当初的承诺在某个时间段里变成了现实,更变成了一种对未来的预期。就像人们对待已获得两连冠的博尔特一样,人们相信他可以续写奥运冠军的神话。而当预期真的变为现实的时候(2016年获得三连冠),人们会对他再次寄予厚望。

摩尔定律的"工艺节点"

为了实现集成度,即单位面积上晶体管数量翻倍,需要使得拥有同样数量晶体管的集成电路的面积每两年减少为原来的1/2。因此,如图1-24所示,相应的工艺尺寸需要每两年缩小为原来的70%($0.7 \times 0.7 \approx 0.5$)。然而,到目前为止,工艺尺寸缩小的难度越来越大。更有甚者,如图1-24和图1-25所示,当晶体管由MOS变为FinFET之后,特别是从2012年22 nm工艺开始,实际的沟道长度就已经大于节点尺寸了。以英特尔10 nm工艺为例,如表1-6和图1-25所示,FinFET晶体管的实际物理尺寸(如沟道长度、金属间距、栅极间距、Fin的长宽高等)也没有与10 nm工艺吻合。工艺节点基本变成了一个数值越小、工艺与之前相比越先进的代名词而已。

芯事 The big bang of the chip

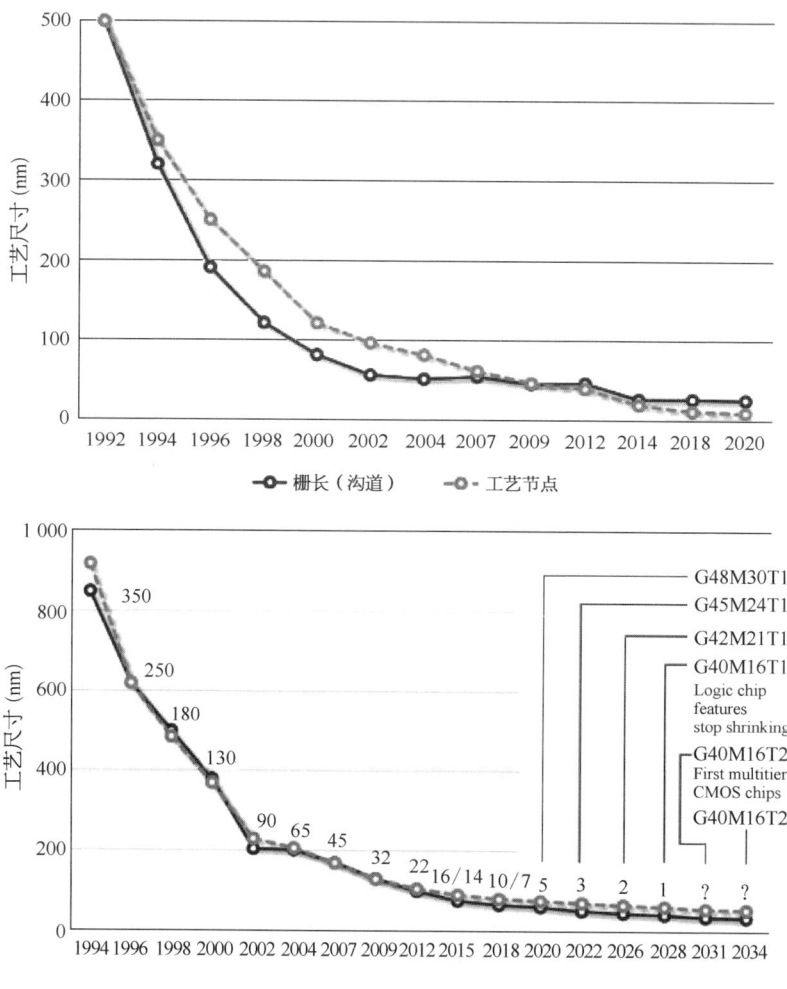

图 1-24 集成电路的工艺节点与栅极长度（沟道长度）（上）和栅极间距与金属间距的关系（下）

表 1-6 英特尔 14 nm 和 10 nm 工艺节点物理尺寸

物理尺寸	14 nm	10 nm	变 化
晶体管密度	44.67	100.78	2.26x
Fin Pitch（鳍间距）	42 nm	34 nm	0.81x
Fin 宽度	8 nm	7 nm	0.88x
Fin 高度	42 nm	43～54 nm	1.02～1.29x
Gate 长度	20 nm	18 nm	0.90x
接触栅间隔	70 nm	54 nm	0.77x
最小闸极间距	52 nm	36 nm	0.69x

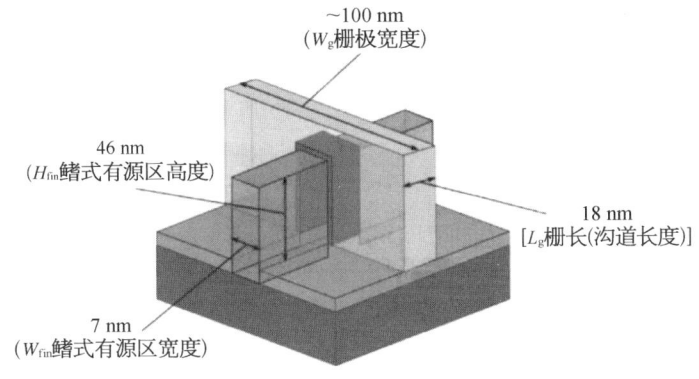

图 1-25 FinFET 主要结构尺寸

此外，不同厂家对于工艺节点的换算公式也是不同的。如图 1-26 所示，就芯片密度而言，10 nm 工艺的英特尔芯片密度（100.76 MTr/mm^2）比 7 nm 工艺的三星（95.08 MTr/mm^2）和台积电（91.2 MTr/mm^2）还要高。但是，与其说芯片用户最关心的是制程工艺，不如说是"好不好用"。

决定处理器功能和性能的不仅是制造工艺，还与芯片本身的结构是否满足用户的要求息息相关。此外，芯片做出来

芯事 The big bang of the chip

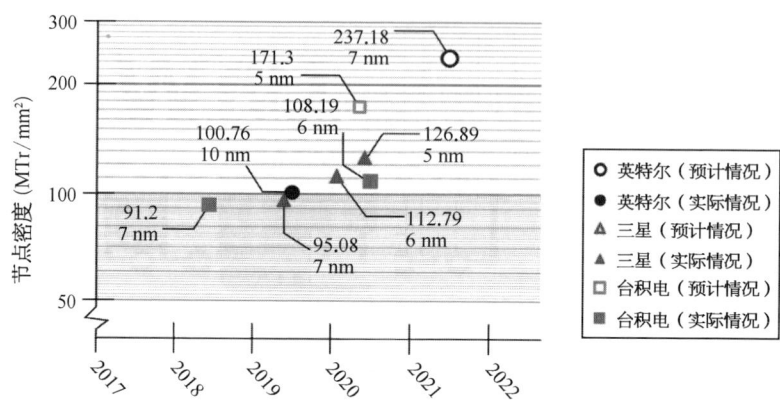

图 1-26 英特尔、台积电和三星之间不同年代工艺节点的芯片密度

之后的整体产品的体验是否能让消费者满意,也是处理器芯片能否占有市场份额的关键因素。因此,虽然英特尔在制程上一直"喊冤",但其 CEO 基辛格也不得不承认,目前,英特尔处理器的应用效果与竞争对手相比是处于下风的。

摩尔定律的"三座大山"

截至目前,一颗芯片上已经具有了上万亿个晶体管。然而如图 1-27 所示,就像蜜蜂因为环境阻力的原因没有变成"人类公敌"一样,如果我们把晶体管类比作蜜蜂,晶体管扩增到今天也遇到了来自物理、功耗和成本方面的制约。随着时间的推移,无论是集成度还是工艺节点,它们与种群数量一样都呈现了"饱和"的趋势。相应的"环境阻力"与以下 3 个制约条件有关。

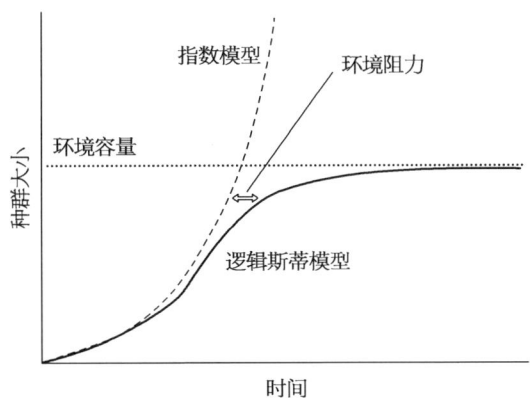

图1-27 描述种群增长的指数（虚线）和逻辑斯蒂模型（实线）*

介观尺寸的制约

当晶体管的物理结构小于 10 nm 时，晶体管原理进入介观（mesoscopic）物理的范畴。研究其材料特性和电学特性时，其微观粒子的数量处于一个比较尴尬的量级，即没有少到仅用薛定谔方程即可严格或近似地求解，也没有多到可以忽略统计涨落（statistical fluctuation）的程度。这就使得在设计和制造晶体管时，会遇到费米钉扎、库伦阻塞、量子隧穿、杂质涨落和自旋运输等问题。

以量子隧穿为例，在晶体管的氧化层厚度过小和晶体管在栅源电压小于阈值电压时，会有载流子经过衬底上的半导体后"穿越"氧化层经栅极泄放。这时的晶体管就像一个关不掉的水龙头一样不断地"浪费资源"，并发出错误的输出信号。

---

* 指数模型描述一个无限增长的种群，而逻辑斯蒂模型描述一个种群趋向一个环境容量的渐近线。

功率密度的制约

随着技术节点的不断推进，处理器运行得越来越快，在 2004 年之前，其时钟频率一直在以 20% 的幅度增长。但如图 1-28 所示，芯片单位面积上的功率密度却随着集成度的提高而不断增大。虽然这一点在 1965 年时的摩尔看来"无关紧要"，但如果继续任其发展下去，晶体管缩小到 2010 年的水平时，其功耗密度将达到火箭发动机的水平，过高的温度将直接烧毁芯片。而为了避免这种情况的发生，2005 年之后的处理器不得不牺牲频率的增长，靠多核构架弥补速度的不足。虽然有片内散热等方法可以稍微给芯片降温，但时至今日，这堵"功耗墙"仍然挡在频率进一步提高的面前。

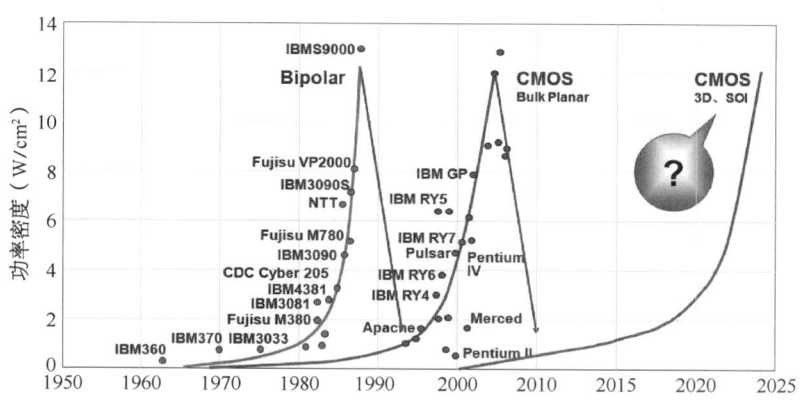

图 1-28　不同公司芯片的功率密度与技术发展时间的关系
（本图由清华大学魏少军教授提供）

制造成本的制约

事实上，如图1-29所示，早在1995年摩尔就发现集成电路的设备成本一直在不断地增加。虽然考虑诸多有利因素之后，仍然能够降低每百万门芯片的成本，但成本的降低程度并没有随着工艺制程的发展而得到保持。

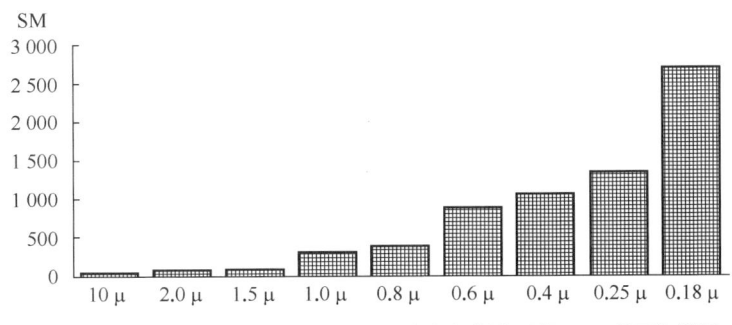

图1-29 不同工艺节点对应的工艺装置和设备成本（按每星期5 000晶圆片计算）

从20 nm工艺开始，每百万门芯片的成本与28 nm工艺时相比不降反升，到14 nm工艺时，其成本相对于20 nm已经增长了0.36%。通俗来讲，芯片制造成了费力不讨好的事情。这也是为什么到目前为止继续跟进新制程的公司屈指可数的原因，因为不是所有代工厂都可以靠走量来降低成本的。

后摩尔时代的"创新"

当一个新的发明诞生时，它往往是粗糙的。仔细观察基尔比做出来的集成电路你就会发现，除了"飞线"，它还有很多可以改进的空间。早期的开拓者与其说个个被称为天才，不如说他们所面对的是可以任其发挥的巨大的"创作空间"。无论是电路设计还是制造，都可以寻找到很多可以完善的方案，而且这些方案也都可以带来很可观的经济效益。

然而，随着时间的流逝，你能想到的电路设计很有可能 10 年前就已经有人提出来了。更关键的是，做出判断的前提是搜集尽量全面的有效信息和数据，然而由于集成电路分类庞杂，应用广泛，并与众多学科存在交叉，哪怕穷尽一生都是难以全面掌握的。

对某种电路有经验的工程师，至少需要 5～10 年的积累才能"炼成"。更何况很多硬件工程师做的往往是修修补补的工作，难以从整体上做出颠覆整个框架结构的设计。因此，像吉姆·凯勒（Jim Keller）这样的系统构架师才如同凤毛麟角一般，因为只有很少一部分人才有机会和能力接触并做好这样顶层的工作，大部分人都只是做好分配到手头上的工作而已。所以，你不能指望现在的处理器设计者能像法金一样既画出 4004 的版图，又跑到工艺部门去提出专家意见；更不可能像他一样，靠一己之力就带领整个团队设计出当时最好的 CPU。对于现在大部分的工程师来说，能够基本理解现有需要仿真的电路就已经很不容易了。

此外，摩尔定律所描述的技术升级越到后面越会出现一种情况，解决一个问题的同时又冒出其他问题。即使问题解决了，但到最后所花的时间也会大大超出预期。不仅如此，本性的创新也往往意味着相关的工艺制造都要推倒重来，同时也有非常多的风险要承担。所谓的"量子芯片"仍然难以解决"超导条件"的限制和"数据精度"问题，目前其量产和商用还只是一种期待而已。

当然，摩尔定律中工艺制程的饱和与芯片产业的持续发展并不是正相关的。从更广阔的角度思考，我们会发现，摩尔定律实际上既是业内各大公司推动集成电路这条大船时喊的号子，也是对市场的一种承诺。就像一个新习惯7天左右就可以适应一样，摩尔定律已经在60年的时间里起到了"惯性"的作用，全球的产业都直接或间接地、主动或被动地"随其起舞"。这并不会因为摩尔定律是否终结而停止。

事实上，与摩尔定律相似的还有很多衍生定律：

（1）1993年的梅特卡夫定律（Metcalfe's Law）：网络的价值同网络用户数量的平方成正比。

（2）1996年的吉尔德定律（Gilder's Law）：在未来25年，主干网的带宽每6个月翻1倍。

（3）2006年的金帆定律（Gene's Law）：每18个月，DSP每MMAC/s（每秒百万次乘加）的功耗会减半。

某些定律像摩尔定律一样经受住了某个时间段的考验，而有的则随着网络泡沫的破灭而被世人所忘记。

摩尔定律某种程度上是种群生态学的"红皇后效应"（Red Queen Effect）在工业社会上的一种相似的表现，即《爱丽丝梦游仙境》中的红皇后说的那样："你必须全力奔跑，才能使自己停留在原地"，用我们中国话说，就是面对激烈的竞争"逆水行舟，不进则退"。

从摩尔定律诞生之日起，每过 5～10 年就不断地有文章分析摩尔定律是否还适用。这虽然部分引起了业内的恐慌和投资者的动摇，但在另一方面也激发了人们突破瓶颈的勇气。每到关键时刻，总有像胡正明教授这样的先驱人物及其团队，采用直接或间接的方法挽回局面。虽然新方法出场的时间随着难度的增加在不断地延后，但总体而言"方法总比问题多"，也许在现在的某篇专业论文中就指出了正确的方向，也许此时此刻某个卓尔不群的科研人员或工程师的脑中就闪现着挽救摩尔定律的智慧。

历史大部分时间都不是笔直向前的，也许当我们不再纠结于数字游戏，愿意慢下来，除了"速度"更多思考一下"方向"的时候，更多集成电路的可能性的大门才会向我们敞开。

第二章

如何理解集成电路

> 我不知道自己会否因它（集成电路）的深远影响而得到肯定。当然，最初的构想是我提出的，但你今天看到的杰出成就却可能源于全球成千上万的优秀工程师，是他们在为改进产品性能和降低成本而努力工作。
>
> ——集成电路发明人：杰克·圣克莱尔·基尔比

一提到集成电路，可能大家首先想到的是各种 PU（CPU、GPU、TPU 和 NPU）。然而，这个只能称为狭义的"集成电路"或者说它们只是"数字电路"中的一种处理器电路。广义的集成电路可以理解为用集成电路工艺制造出来的各种芯片。

事实上，除了数字电路以外，集成电路在 MEMS、模拟电路、数模混合电路和独立器件等多个领域和方向都出现了百花齐放的局面。某种程度上，感谢"乔帮主"让我们知道除了电池以外，iPhone12 里竟然至少有 6 个麦克风芯片、4 个图像传感器以及所谓的 9 轴传感器。同时，也让中国诞生了以设计和生产传感器而知名的龙头企业和首富。而 RISC-V 也让人们意识到，CPU 竟然也可以"DIY"。华为的中国芯也是在 ARM 基础上的合法"再创造"。武汉新芯、长江存储、兆易创新等众多生产 3D 存储器的企业让人们意识到中国这块大蛋糕远远没有到达市场充分竞争下纳什均衡的局面，很多需求空间仍然有待长期开发。

1. CPU 的指令集构架

什么是指令集构架

关于 CPU，目前经常听到如下的关键词：CPU 芯片、Windows/IOS/Android 操作系统和指令集构架。在《芯事：一本书读懂芯片产业》一书中，CPU 芯片指的是中央处理器（central processing unit）的硬件，而称操作系统和安装在上面的程序为软件。

那指令集构架又是什么呢？如果将 CPU 比喻成一个庄园的话，那操作系统就是管理这个庄园的管家，指令集构架就是这个管家为园丁、厨师和门卫等不同的工作人员（不同硬件设备）而制定的管理条例和工作注意事项，而指令集就是管家在工作人员具体工作时下达的一系列要求。说白了，数字电路只认高电平和低电平的"0"和"1"，但要让这些电路"听话"，实现具体功能的话，还得有一套起翻译作用的密码本，而密码本中的转换码就是指令集。接下来将通过有关指令集的讨论来加深对 CPU 软硬件的理解。

关于指令集构架，维基百科的具体解释是：指令集架构（instruction set architecture，ISA）是计算机体系结构中与程序设计有关的部分，如图 2-1 所示，包含基本数据类型，如指令集、寄存器、寻址模式、存储模型、中断和异常处理等。指令集架构包含一系列操作码（opcode，机器语言），以及由特定处理器执行的基本命令。不同的处理器"家族"，例如英特尔 IA-32 和 x86-64、IBM/Freescale Power 以及 ARM 有不同的指令集架构。

关于指令集，它是 CPU 用来计算和控制计算机系统的一套指令的集合，每一种新型的 CPU 在设计时就规定了一

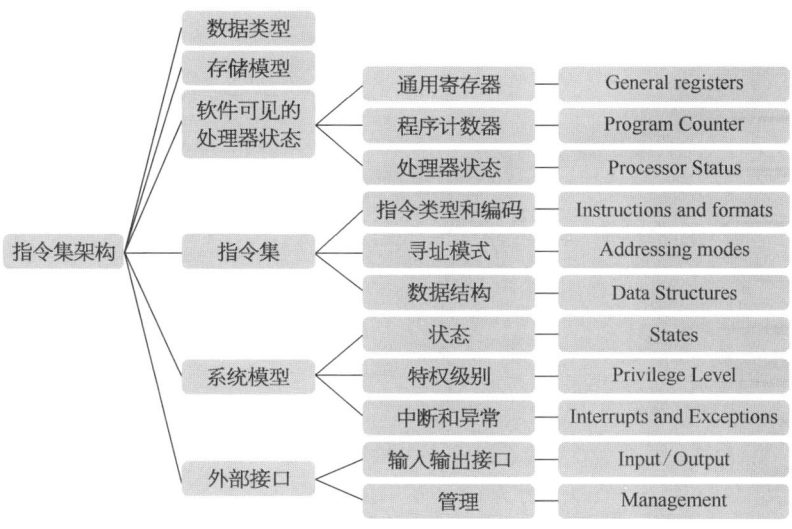

图 2-1 指令集构架

系列与其他硬件电路相配合的指令系统。而指令集的先进与否，关系到 CPU 的性能发挥，它是 CPU 性能体现的一个重要标志。指令的强弱也是 CPU 的重要指标，指令集是提高微处理器效率最有效的工具之一。

IBM 的早期指令集构架

要想真正理解指令集构架的深刻含义，就要了解包含了指令集及其构架的 IBM360。1961 年，曾任飞行员、掌门 IBM 公司刚满 5 年的小沃森（图 2-2）共投资 50 亿美元，设计了"IBM360 系统电子计算机"。其中，"360"既表示一整圈的

图 2-2　IBM 掌舵人小沃森（1914—1993）

角度，更引申为 IBM 电脑的两个"全方位"，即应用领域的"全方位"（从工商业到科学界）和为用户服务的"全方位"。

关于这场豪赌，可以做一个纵向比较，早于其 20 年前，由美国政府和军方出资的"曼哈顿工程"也只用了 20 亿美元，连 IBM 的一半投资都不到。而小沃森投资的这些钱大部分用在了集成电路从无到有的研发和试错上，包括生产线、净化间、生产工人和硬件制造团队等。如图 2-3 和图 2-4 所示，5 年之内，共售出 32 300 台 IBM360，共有 6 个型号

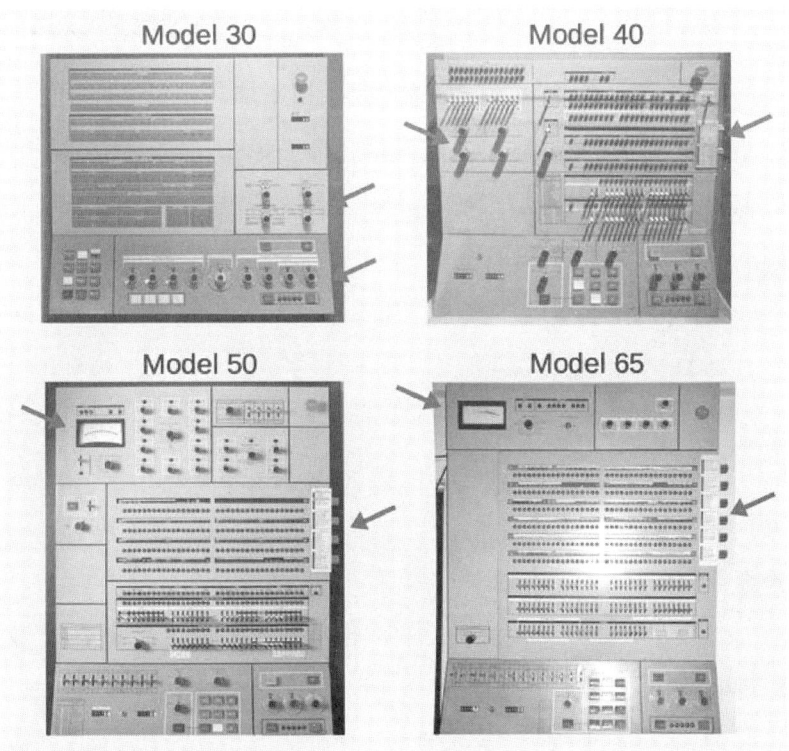

图 2-3　IBM 不同型号的电脑

芯事 The big bang of the chip

图 2-4　休斯敦 NASA 控制中心用来监测阿波罗 11 号飞船的 IBM Model91 型电脑

的大、中、小型电脑，创造了电子计算机销售中的奇迹。其中很多电脑最先应用于登月计划，用来完成轨道和航天器定位的计算。

人月神话

在软件方面，其中有 5 亿美元用在了由 2 000 多人组成的软件开发团队上。实际上，软件开发的投入已经超过了电脑硬件本身。

如图 2-5 所示，作为软件重要开发人的弗雷德里克·菲利普斯·布鲁克斯（Frederick Phillips Brooks）和力主项目的罗伯特·奥弗顿·埃文斯（Robert Overton Evovns）被称为 IBM360 的"亲生父母"。当年布鲁克斯只有 29 岁，埃

图 2-5 埃文斯（左）和布鲁克斯（右）

文斯也才 34 岁。布鲁克斯说他一生中最敬重两个人，一个是小沃森，另一个就是埃文斯。要知道，当年布鲁克斯可是反对 IBM360 的，但是埃文斯仍力主让他当了主要负责人之一。由此可见，不仅是愿意以大局为重，继续为公司献计献策的布鲁克斯值得人们钦佩，不计前嫌和知人善任的埃文斯更值得现今的公司高层们学习和借鉴。

当然，除了埃文斯和布鲁克斯之外，直接领导 3/4 开发人员的吉恩·迈伦·阿姆德尔（Gene Myron Amdahl）博士（图 2-6）也做出了重大贡献。阿姆德尔博士当年 40 岁，IBM 公司最后一种电子管计算机 IBM709 就出自他的手笔。布鲁克斯和埃文斯等人多次就 360 系统的技术问题与阿姆德尔进行商讨。最后，他们提出了一种全新的思路——IBM360 必须是一种"兼容性"的产品。兼容性意味着尽管360 系统各种型号的电脑在功能上有巨大区别，但它们都必须能够用相同的方式处理相同的指令，享用相同的软件，配

图 2-6　阿姆德尔博士

置相同的磁盘机、磁带机和打印机，而且能够相互连接在一起工作。而这兼容性就需要指令集构架才能实现。

为此，他们对这些指令提出了如下设计要求，如图 2-7 所示：① 系统设备的配置要统一，包括 CPU 的型号、存储容量，以及 I/O 设备的数量、种类和权限都必须是一致的；

图 2-7　IBM 关于 IBM360 兼容性的说明文件

② 程序本身应该与指令执行时间和 I/O 数据的速率、访问时间和命令执行次数无关；③ 兼容性的规则不适用于出现频率较少且无有效性保障的功能。

以上就是指令集构架形成之初的样子，布鲁克斯后来将这段经历写成了一本软件工程的经典书《人月神话》(*The Magical Man-Month*)。与现在的 X86、ARM 和 RISC-V 相比，IBM360 虽然还很简单，但"麻雀虽小五脏俱全"。作为"原型机"，IBM360 开启了通用式指令集的先河。

从现阶段的主流体系结构来讲，指令集可分为复杂指令集和精简指令集两部分。事实上，就像"硅仙人"吉姆·凯勒（Jim Keller）所说："指令集中的核心指令只有 6 条：加载、存储、加法、减法、比较和分支。几乎 80% 的工作都可以由这些指令来完成。"

以 X86 为例，刚开始它是简单的，但随着位数的增加，以及虚拟内存、虚拟化和安全性的多种需求，在保证原有内容兼容性的同时，更多的指令被增加进来。ARM 也是如此，它最初的指令集比 X86 之前看起来还简单，但随着新功能和位数的增加，为了快速应对某些特殊情况，新的指令（浮点向量扩展集）被提出。

指令集的家族也在不断地扩大。过去的精简指令集变成了复杂指令集。而其中一些指令的使用率非常低，就像为了预防电脑病毒，准备了庞大的病毒库，但真正发生问题时电脑只遇到其中几个病毒而已。但不能因此就保证其他电脑或者自己电脑其他时候不遇到其他特殊情况，所以不得不为那个"万一"预留"万全之策"。

现在RISC-V又出现了,它除了具有先天的精简特性之外,还具有开放性的特点。其开源的特性意味着像各大高校和研究机构为主体的开发者往往没有时间添加过于复杂的指令。开源特性也意味着安全性,这一点也受到了中国、印度和欧美等国家的重视,连吉姆·凯勒都对它的未来报以期许。业界普遍认为,与其和X86和ARM在电脑、服务器和手机领域重复性竞争,RISC-V在物联网领域将有可能成为新的"宠儿"。从IBM360到X86,再到ARM和后续的RISC-V,从精简指令集到复杂指令集,从电脑、服务器到手机再到物联网,从技术垄断到应用突围再到开源与付费并存的计算机处理器时代。"肯定,否定,否定之否定"这一不破不立的观点在指令集,甚至是整个芯片领域正在被不断验证。这一点不仅是软件,硬件方面也是如此。

2. 不同种类的集成电路

集成电路的分类

如果咨询某位专业人士什么是集成电路,得到的答案很有可能是:集成电路按照信号分为模拟集成电路和数字集成电路,当然也有特例,那就是数模混合电路,比如ADC;按照工艺,集成电路又可分为不同制程,比如数字集成电路中的存储器DRAM就可以用10 nm、7 nm、5 nm等不同最小尺寸的工艺制造，当然，由于工艺不同，芯片的性能也会随着尺寸的减小而进一步提升；除此之外，还有微传感器芯片（MEMS），比如压力传感器、陀螺仪和生物传感器等。

事实上，如图2-8所示，半导体产品的分类还有很多细枝末节。如果你想立志成为集成电路的专家，确实需要花工夫耐下心来对集成电路有一定广度的涉猎，不仅对各种芯片的脉络和分支有系统性的认知，更要在与之相关的领域内进行深入的钻研。但对于大部分的读者来说，也许只希望对自己感兴趣的某颗芯片的功能有所了解，可以的话再触类旁通地认识一下其他相似的芯片足矣。让我们换种思维，以大家身边的手机为例来了解集成电路。

手机中的集成电路

目前的智能手机功能堪比一部电脑。为了实现这些功能需要一系列的芯片。iPhone 13 Pro手机拆解后不仅可以看到A15仿生芯片，还能看到电源管理、内存、RF射频等电路芯片，它们被逐层地安放在手机这个寸土寸金的智慧结晶中。

手机中的传感器

以"手机是如何打电话的"来了解手机中的传感器。当用手机打电话的时候，声压通过手机下方的小孔传导到手机下方麦克风传感器的薄膜上。薄膜分为上下两个：一个是分

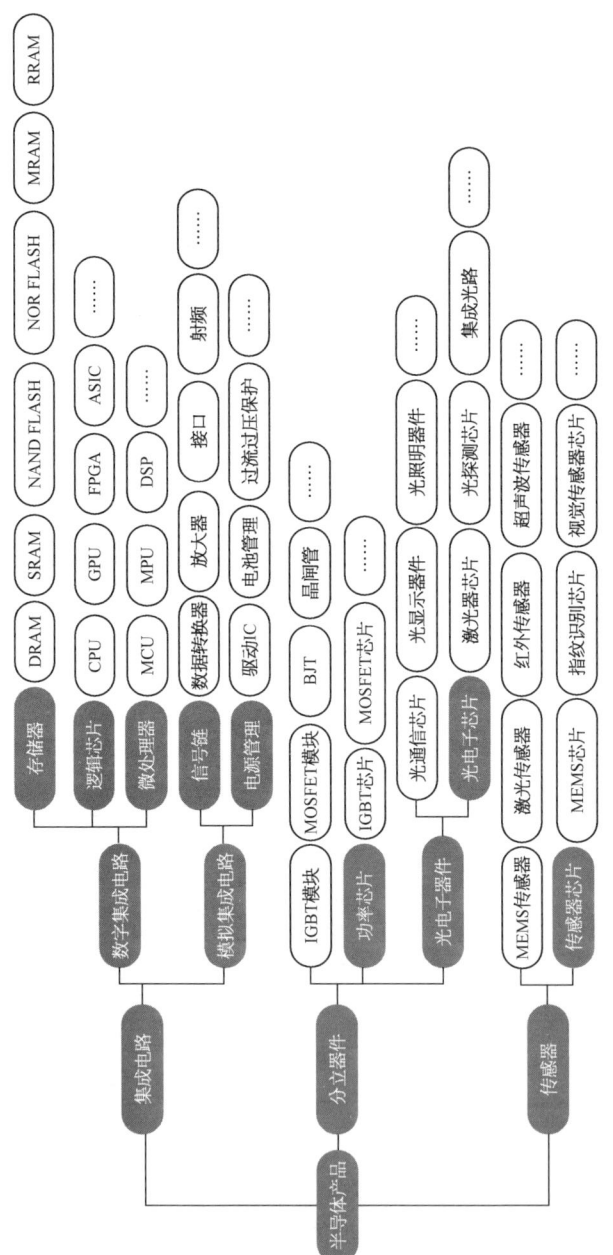

图 2-8 半导体芯片的分类

布着密密麻麻小孔的、不能上下移动的孔状薄膜；而另一个则是没有孔的、可以上下移动的"实心"的薄膜。这两个薄膜构成了电容的上下极板，当声压改变了两个极板间距的时候，两个极板之间的电压信号也随之发生相应的变化，从而达到电压信号"间接"表征声压的目的。也就是说，人声被转化成了带有波形的电压。

手机中的模数信号转换

包括声音在内，自然界的信号基本都是连续的模拟信号，而传感器所转化成的电压信号也是模拟信号。但这就为接下来信号的处理和分析带来了一个很大的问题。

因为中央处理器和手机中的协处理器芯片并不认得连续的模拟信号，它们只认得信号"0"和"1"。这就好像人脑和电脑识别图片的方式不同一样，同样一张小猫的图片，人脑会一下子在闪现其画面上，通过大脑不同皮层对信息的处理最终认出这是一只猫。整个过程中，存在于人脑中的都是连续模拟的脑电波信号和生物化学信号。然而电脑却不同，它依托于数字电路的硬件和算法的软件来习得图像识别的功能。

数字电路采用的是逻辑电路（布尔代数）来间接等效数值运算，因此，数字电路中大多是表示"与或非"及其组合出的逻辑门电路。当电脑识别图片的时候，首先需要它将图片中的点线信息进行拆解还原成为一堆像素点，而这些像素信息必须是一个一个"独立存在的"，也就是说是"离散"

的。这就好像将一张图片不断放大,放大到极致的时候你会发现局部的图像信息已经是一个个"马赛克"了。这些像素信息被电脑接收并存储。经过算法对这些数据进行分析以及与原有存储信息(比如原来电脑中就存储着海量关于各种事物照片的相关信息)进行比对,最终判断出图像中事物的名字。而这些比对的具体工作就由逻辑电路来实现。

在此过程中,关键在于如何将模拟信号(声音或图像)转化为电脑可识别的数字信号。这个时候就该"模数转换电路"(analog-to-digital converter, ADC)出场了。ADC 分为很多种,但无论哪种,本质都在于对传感器传过来的模拟电压信号进行"采样和量化"(sampling and quantization)。

如图 2-9 所示,输入信号(input signal)是连续的模拟信号,它经过采样保持电路(sample/hold,S/H)之后被截断成准模拟信号,也就是说采样的瞬间电压的幅值就被保持住了。之所以说是"准"模拟信号,是因为这时候的信号还是连续的,但与离散的数字信号只有一步之遥。因此,就需

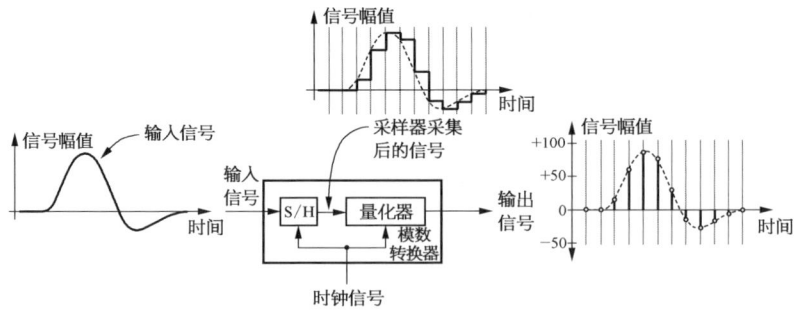

图 2-9 ADC 采样量化的过程

要后面的量化器（quantizer）来大显身手了。

量化器能够将相邻的不同采样值保留，而将一直被保持的相同幅值的信号消除。通过量化器，连续的信号被真正转化为具有不同电压数值的"离散"的数字信号。事实上，无论是图像信息还是声音信息都是这样被 ADC 转化为数字信号，并被后续的数字电路进一步处理的。

手机中的芯片协作

综上所述，如表 2-1 所示，经过以上 4 个环节的描述，可以看出，集成电路不同的分类只是描述芯片不同的角度而已，不同芯片完成的都是某项需求中的一个环节。要想深刻洞悉它们的"核心知识"，还是要像学习物理一样，不仅会用公式做题，更重要的是理解其物理意义，要结合芯片具体的应用环境和功能来体会其工作原理，上升到方法论就是在具体的分类和抽象的归纳中自如切换。

表 2-1 不同功能集成电路的分类、工艺和功能

手机芯片	分　类	目前工艺	功　能
麦克风	电容式传感器	微米级	感应声音
模数转换器	数模混合电路	亚微米～纳米级	模数信号转换
存储器	数字电路	纳米级	存储数字信号
中央处理器/协处理器	数字电路	纳米级	对信号进行处理

当然有人会说现代化的分工细化已经"只见树木不见森林"。具体到集成电路，目前很多芯片 IP 模块化之后，工程师只要根据具体的芯片设计参数要求来设计就行了，没必要看到芯片组成仪器实际的应用效果。

比如，甲方需要设计一款手机中的 ADC 转换器，他往往并不会告诉乙方自己要用来实现什么应用。他只会说我们需要一款 13 位低功耗的 ADC，再给出一系列具体的测试结果要求，设计者主要做的就是由此反推出设计结构，例如是采用逐次比较（successive approximation register, SAR）的结构，还是过采样的 $\sum$-Δ 结构，并结合要进行流片的工艺，对芯片设计的可行性进行论证以及确定接下来的设计、流片和测试工作。在整个设计过程中，工程师很有可能并不清楚这款芯片将来要和其他哪些芯片结合起来实现怎样的功能。每个人都负责设计某段铁轨，但每个人都不知道这些铁轨拼凑起来之后的铁道要通往哪里。

这种设计策略既可以保护知识产权，又加速不同芯片并行设计的整体进度，但它的大前提仍然是手机设计团队中要有整机工程师预先清楚地知道每个芯片要实现的应用，根据这些应用提出硬件要求并与各个团队有效沟通。以温度要求为例，军工级、工业级和商业级芯片的工作范围一般分别为 $-55 \sim 150\,°C$、$-40 \sim 85\,°C$ 和 $0 \sim 70\,°C$。由此可以看出，不是所有手机都能够在南极正常工作的。在设计之初，整机工程师就要将各种应用环境条件以定量的方式告知所有的芯片工程师，工程师在对电路进行仿真时就需要对各种条件进行有效地设定，比如模拟电路中给其他模块提供稳定偏压的带隙电压源就需要把温度漂移（简称温漂）设定在合理的动态范围内。因此，无论是逆向设计还是正向设计，无论是数字模拟芯片还是 MEMS 芯片，都是以"结果"为导向的，做好芯片的前提是要用好芯片。

3. MEMS 芯片

什么是 MEMS 芯片？

所谓 MEMS 是 micro-electro-mechanical systems 4 个英文单词首字母的缩写，翻译成中文叫微电机系统。这类芯片往往是采用集成电路工艺制造出来的，具有 3D 结构的兼具机械和电学特性的传感器。与最小尺寸为纳米的集成电路不同，大部分 MEMS 的结构尺寸一般为微米或亚微米。

根据不同的功能和感应信号，MEMS 可以分为很多种。手机中常用的有麦克风、磁力计（辨别方向）和所谓的 9 轴传感器 [包括 3 轴加速度计、执行器（测量位移）和陀螺仪（测量角速度）]，以及在低功耗状态下协助 CPU 处理这些传感器数据的协处理器（A12 之后，该部分被集成在 CPU 中）。例如 iPhone 5 中部分 MEMS 传感器和芯片就来自"五湖四海"（不同的国家和公司），正所谓"铁打的苹果，流水的芯片供应商"。

手机中数量最多的传感器——麦克风

麦克风其实是压力传感器的一种变体,原属于固体、液体和气体三相中的气体(声音以气压的方式传播)压力传感器。而压力传感器则是MEMS中的"老前辈"之一。以苹果iPhone 7 Plus为例,除了手机下端有主麦克风用来通话和录音,顶部的前置摄像头附近还有1个麦克风用来视频通话。根据不同的应用要求,麦克风的薄膜和其他电极结构也被设计成了不同结构。该麦克风由意法半导体公司制作。

此外,手机背面还有起到录音辅助降噪作用的楼氏电子制造的麦克风。有了这些麦克风,手机的摄像头在拍摄视频的时候就可以做到"眼观六路,耳听八方",无论来自哪里的声音都可以有效地感知。为了实现麦克风信号的有效降噪和处理,集成电路与MEMS被放在了同一个封装外壳中,双方之间由金属线(Bonding工艺)连接。这一点在智能手机中,无论哪个麦克风芯片供应商都是"英雄所见略同"的。

加速度计和陀螺仪

麦克风作为手机中数量最多的传感器之一,在各种应用功能上都起到了关键作用。然而,手机中不止麦克风一种传感器,还有诸如加速度计、陀螺仪、磁力计和CMOS图像传感器等一系列功能各异的MEMS器件。随着手机的更新换代和新功能的增加,手机中的MEMS家族也逐渐壮大起来。相对于 iPhone 5 来说，iPhone 6 Plus 除了拥有麦克风、6 轴加速度计陀螺仪（InvenSense MPU-6700）、3 轴电子罗盘（AKM AK8963C）、3 轴加速度计（Bosch Sensortec BMA280）和磁力计之外，还有大气压力计（Bosch Sensortec BMP280）、CMOS 图像传感器、指纹传感器（Authen Tec 的 TMDR92）、距离传感器和环境光传感器（AMS TSL2581）。

这么多传感器我们难以一一细数。但通俗地讲，如果我们把手机比喻成一个人的话，那麦克风就是这个人的耳朵和嘴巴，而加速度计、陀螺仪和磁力计就是定位系统，CMOS 图像传感器就是眼睛。其他的传感器虽然检测的物理量各不相同，但也都是丰富手机感知系统的重要部分。这里我们将以加速度计和陀螺仪作为重点进行介绍。

加速度计在民品中最早的应用场景之一要数汽车中的安全气囊。当汽车因为事故突然撞上障碍物停车时，其减速过程必然产生与正常开车时相异的加速度突变。当这个加速度计检测到的改变量超过正常阈值的时候，汽车就会自动启动驾驶员前方或身边的安全气囊，从而起到缓冲作用。为了更深入地认识加速度计，以 ADI 公司的 ADXL203 为例，它是一款高精度、低功耗、单轴/双轴加速度计。ADXL203 拥有 3 种不同的加速度量程，分别为 $\pm 1.7g$、$\pm 5g$ 和 $\pm 18g$。此外，它不仅可以用来测量重力对应的静态加速度，还能够测量振动产生的动态加速度，无论是被测物体突然掉落，还是突然的无规则振动它都可以感应得到。

而在工艺上最难能可贵的是，与麦克风不同，ADXL203竟然将集成电路与加速度计做在了同一片芯片中，也就是说合二为一。要知道，MEMS所需要的高温工艺放到集成电路上就会溶化低熔点的材料，造成其电学特性失效。为此，某些厂家会采用低温淀积的氮化铝作为MEMS的压电材料，避免使用高温工艺，从而提高MEMS及其集成接口电路工艺的兼容性。此举不仅使得芯片性能优异，更降低了制造成本。

一说到陀螺仪，可能大家脑海中想到的就是小时候玩儿的陀螺。当陀螺不断转动时，由于角动量守恒，陀螺存在着定轴性和进动性。也就是说，陀螺的转轴会稳定地指向一个方向，即使有外力尝试改变也会逐渐恢复为原来的指向，就像指南针一样。因此，在卫星导航和导弹定位等尖端科技中，高精度的陀螺仪扮演着重要的角色。如果非要拿一种芯片来粗略代表一个MEMS大厂设计和生产芯片的能力的话，那就要数陀螺仪了。

手机中的陀螺仪主要用来实现角速度的测量。陀螺仪和加速度计一样分为单轴、双轴和3轴。所谓3轴陀螺仪，就是测量三维空间内的角速度。具体表现为航天器在滚动（roll）、俯仰（pitch）和偏航（yaw）中的角动量变化。

在民用领域，无论是无人机的飞行还是手机赛车游戏中转弯的控制都离不开陀螺仪。如图2-10所示，为iPhone 4中使用的意法半导体的L3G4200DGK10A型3轴陀螺仪。实际上，陀螺仪的本质就是一个特殊的加速度计。当物体平

第二章 | 如何理解集成电路

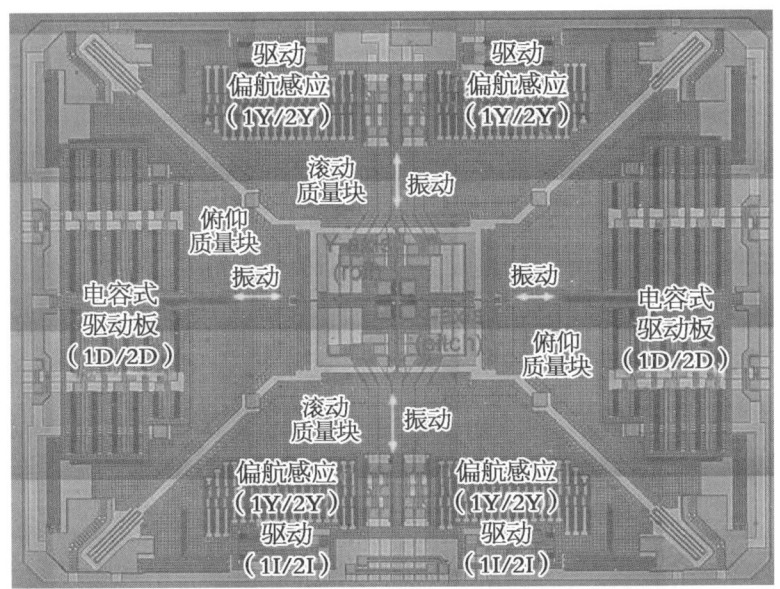

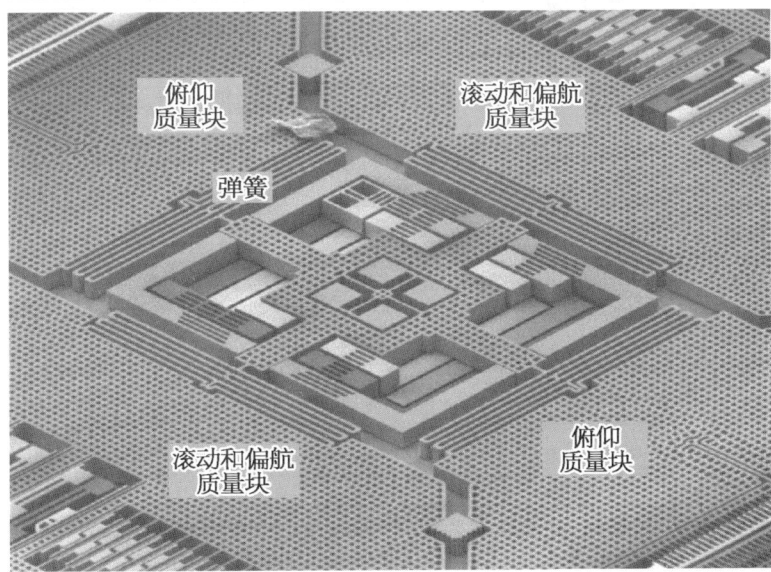

图 2-10 应用于 iPhone 4 的 3 轴陀螺仪器（ST MICRO L3G4200DGK10A）

动时，可以通过位移、速度和加速度来确定它的运动状态。但是当物体转动时，还需要角速度来进一步确定其转动情况。根据科里奥利力（简称科式力）公式可知：

$$a = 2\omega v$$

其中，v 为物体旋转时的径向速度，ω 为旋转的角速度，a 为切向的科式力的加速度。也就是说，如果已知 a 和 v 的话就可以确定 ω 了。具体操作为：

（1）通过外加电压使得驱动电容（drive capacitor）带着质量块（proof mass）和内部结构进行一个维度上（水平）的往复振动。

（2）当外界对陀螺仪施加旋转后，会产生另一个维度上（垂直）的科式力加速度。

（3）科式力加速度会改变垂直方向电容的间距，导致电容的电压值发生变化，从而达到用电压信号表征科式力加速度，并间接测量角速度的目的。

MEMS加速度计和陀螺仪的应用让智能手机如虎添翼，无论是开车导航、手游、摔倒报警手表，还是运动计步都有它们的贡献。然而，"成也萧何，败也萧何"，随着二者设计性能的不断提高，另外一个隐患却出现了，那就是它们不仅具备测量加速度和角速度的功能，还能够"加班"充当"麦克风"的角色，而这也为MEMS芯片的安全带来了隐患。

4. MEMS 芯片安全

手机中的芯片安全

平时使用手机时,您是否有种被"监听"的感觉?和朋友聊天时的某些关键词,会出现在一些手机 APP 关于商品和短视频的推送中。自己在使用这些 APP 时明明没有搜索过相关信息,为什么会突然被它们发现了呢?原因主要有以下 3 点:

(1) 某些 APP 在打开或后台刷新过程中对语音内容的监听和上传;

(2) 各种 APP 大数据对共享后的用户画像和区域关联人物分析后向用户的精准推送;

(3) 通过"加速度计"和"陀螺仪"等没有权限设置的传感器的侧信道对关键字句和词进行分析。

针对第 1 条需要关闭相关 APP 的后台权限,并养成不用就关闭手机软件的使用习惯;第 2 条除非不用手机,否则难以完全根除;那第 3 条到底有没有可能呢?答案是肯定的。

其中第 1 个原因是 APP 的访问权限。与麦克风(声音)和摄像头(照片与视频)这种需要访问权限的传感器相比,陀螺仪和加速度计目前是基本上不设访问权限的。也就是说 APP 和浏览器可以通过对这两个传感器的数据分析获取用户手机的信息。第 2 个原因与声音信号是否能够有效传播到传感器有关。麦克风自不用说,通过空气传播的声音可以很有效地感应和采样。然而对于其他传感器呢?

阿南德（Anand）在 2018 年的论文中提出，通过空气传播的声音信号是无法像麦克风一样被陀螺仪和加速度计感应到的，只有通过固体传播的声音信号（比如贴到一起或者放到一个桌子上）才有可能被它们两个感应到。然而在手机中，播放声音的扬声器与陀螺仪和加速度计是"共处"同一个主板并且距离很近的，因此它们可以"毫不费力"地感应到扬声器的声音信号。

除此之外，还存在着采样率（sampling rate）和分析算法的问题，根据奈奎斯特采样定理，传感器的抽样频率需要至少大于声音信号频率的 2 倍，得到的数据才有可能不失真。成年男性和女性说话声音频率范围一般在 85～180 Hz 和 165～255 Hz，而陀螺仪和加速度计由于其机械结构的特性对这种频率的振动是有反应的。但早期的研究中，由于采样率只有 200 Hz，因此只能对 100 Hz 左右的部分声音信号进行有效提取。

防不胜防的侧信道攻击

2014 年，斯坦福的扬·米哈莱夫斯基（Yan Michalevsky）小组发表了他们的实验结果，他们将 Nexus4 和 Galaxy S Ⅲ 手机贴近扬声器，扬声器中播放人数数字的声音（比如 0、1、2……）。通过对 Invensense MPU-6050 芯片中"陀螺仪"数据的分析，采用动态时间归整算法（dynamic time warping, DTW）和高斯混合模型（Gaussian mixture model, GMM）得到的性别鉴别（判断男女）准确率分别为84%和72%，而Galaxy S Ⅲ手机通过支持向量机（support vector machine, SVM）的性别鉴别准确率为82%，远远高于50%的随机猜测概率（表2-2）。除此之外，如表2-3所示，在被测者的识别上，以应用了DTW的Nexus 4的陀螺仪为例，在男女混合组、女子组和男子组的准确率分别为50%、45%和65%，虽然不同算法和芯片的结果会有差别，但这些结果的准确率都不低于男子组和女子组（20%）与混合组（10%）的随机猜测结果。然而，在对被测者说出的单词进行识别时，只有Nexus4中陀螺仪的DTW算法最高（65%），而其他两个算法都低于或接近9%的随机猜测概率。

表2-2　被测者在不同算法和手机机型下的鉴别准确率

手机型号	支持向量机	高斯混合模型	动态时间归整算法
Nexus 4	80%	72%	84%
Galaxy S Ⅲ	82%	68%	58%

表2-3　不同性别组别、手机机型和算法下的鉴别准确率

手机型号	性别组别	支持向量机	高斯混合模型	动态时间归整算法
Nexus 4	男女混合组/男子组	23%	21%	50%
	女子组	33%	32%	45%
	男子组	38%	26%	65%
Galaxy S Ⅲ	男女混合组/男子组	20%	19%	17%
	女子组	30%	20%	29%
	男子组	32%	21%	25%

如果说陀螺仪只能算是一个"半吊子的麦克风",那加速度计又如何呢?

2020年,浙江大学任奎教授的团队发现某些Android手机的APP可以在采用SENSOR_DELAY_FASTEST模式的情况下(如表2-4所示),将加速度传感器的采样率由200 Hz提高到500 Hz。因此,在提高采样率和新的深度神经网络算法(deep neural networks,DNN)的双重加持下,任奎教授的团队将数字单词的识别准确率提高到了78%~99%,即使测试环境中引入了背景音作为干扰噪声,准确率也仅仅降低了几个百分点而已。

因此,采样率带来的数据决定了精度的天花板,而算法决定了现实与天花板之间的距离。随着侧信道技术的提高,陀螺仪和加速度计等传感器很有可能泄露更多手机客户的隐私。

表2-4 不同年代和品牌的Android手机在SENSOR_DELAY_FASTEST模式下的采样率

手机型号	年份	CPU	采样率
摩托罗拉 G4	2016	4×1.5 GHz & 4×1.2 GHz	100 Hz
三星 J3	2016	4×1.3 GHz	100 Hz
LG G5	2016	2×2.15 GHz & 2×1.6 GHz	200 Hz
华为 Mate 9	2016	4×2.4 GHz & 4×1.8 GHz	250 Hz
三星 S8	2017	4×2.35 GHz & 4×1.9 GHz	420 Hz
谷歌 Pixel 3	2018	4×2.5 GHz & 4×1.6 GHz	410 Hz
华为 P20 Pro	2018	4×2.4 GHz & 4×1.8 GHz	500 Hz
华为 Mate 20	2018	2×2.6 GHz & 2×1.92 GHz & 4×1.8 GHz	500 Hz

当然，以上实验结果并不适用于所有正常工作情况下的手机。此外，大多测试是对被测者身份、被测者所说的数字和字母等英文单词的识别，还没有对更长的句子进行精准度的分析。

在芯片设计时有一种说法叫"过设计（overdesign）"，意思是设计者过度提高了芯片的某些性能，反而给其他方面带来了问题。本节提到过的陀螺仪和加速度计就是一个具体案例，其除了完成本行功能（测角速度和加速度）之外，还是个低精度的"麦克风"。

随着MEMS技术的进一步提高，我们不得不对它的安全性更加关注。需要各大厂商重新评估各个传感器的安全性和敏感性，对APP调用传感器的使用权限进行修改，以免受到潜在的侧信道攻击。在中国的《中华人民共和国国民经济和社会发展第十四个五年规划和2035年远景目标纲要》中，MEMS被列为科技前沿领域的攻关项目，可见MEMS已经上升到了事关国家安全和发展全局的程度。当然，MEMS并不是"十四五"规划中唯一与集成电路相关的攻关项目，与之地位相同的还有以碳化硅和氮化镓为代表的第三代半导体。

第三章

第三代半导体引发的产业变革

> 未来 10 年是第三代功率半导体的创新加速期，渗透率将全面提升。受新能源汽车、工业电源等应用的推动，碳化硅价格下降，性能和可靠性进一步提高。碳化硅产业链爆发的拐点临近，市场潜力将被充分挖掘。
>
> ——华为《数字能源2030》

"第三代半导体"是个热词，与之相关的"碳化硅"（SiC）和"氮化镓"（GaN）更是作为高频词不仅出现在与半导体器件相关的学术论文中，也出现在车载芯片紧缺和半导体器件火热建厂的新闻里，更出现在政府的"十四五"规划中。不仅如此，它们更是 5G 通信和电动汽车得以实现的核心技术。这一点通过图 3-1 和 3-2 中 Yole 公司对第三代半导体中的典型代表碳化硅和氮化镓 2019—2025 年全球市场应用分布和规模预测中就可以看出来。因此，可以说第三代半导

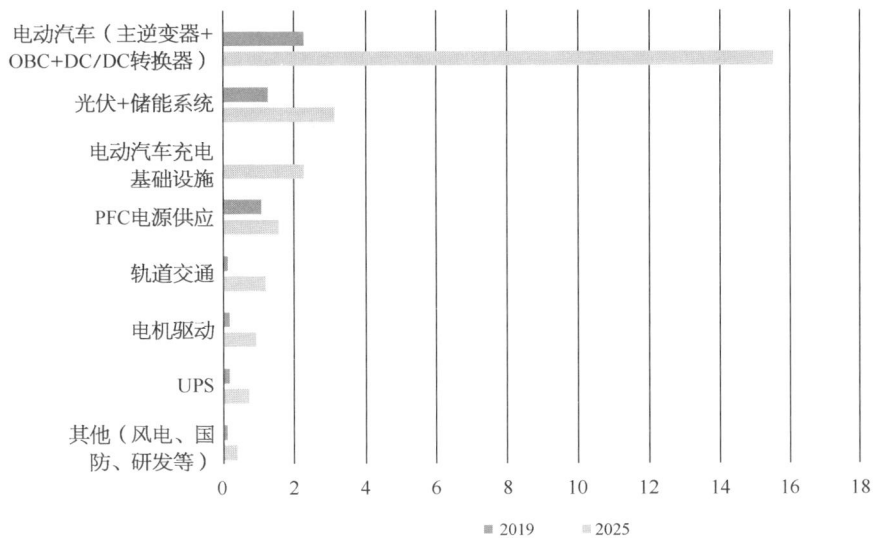

图 3-1 碳化硅 2019—2025 年全球市场应用分布和规模预测

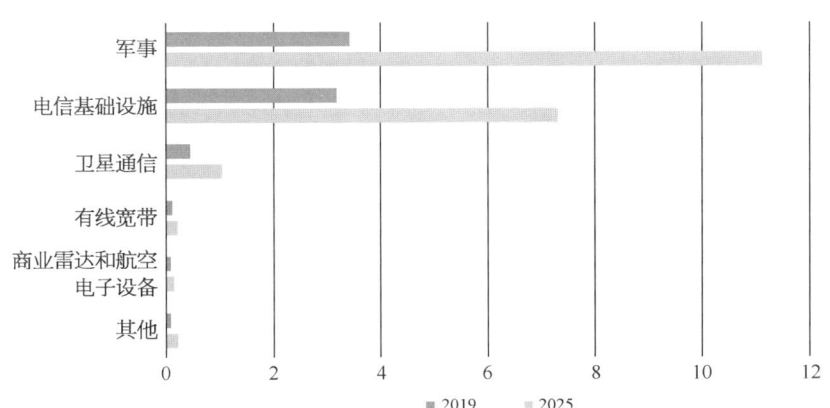

图 3-2 氮化镓 2019—2025 年全球市场应用分布和规模预测

体完美诠释了材料科学在芯片制造中的重要性,其背后的产业不仅关系到国计民生,也是目前国内外市场中的"兵家必争之地"。

1. 价比钻石的第三代半导体

为什么现在这么多第三代半导体的代工厂如雨后春笋般出现？为什么很多公司愿意出资入股所谓宽禁带半导体产业？第三代半导体到底比前两代好在哪里？"硅片"这个曾经"芯片"的代名词就要成为过去了吗？要想解答这些疑问，先要了解什么是"第三代宽禁带半导体"。

一般来说，通常称碳化硅和氮化镓这样的衬底和外延材料为第三代宽禁带半导体。接下来，将深入介绍"半导体""宽禁带"和"第三代"这几部分的具体含义。

半导体"半"在哪儿？

无论是绝缘体、导体，还是半导体，指的都是一定电压下材料的导电特性。而它们之间的本质区别在于价带和导带之间的带隙，又称禁带宽度（bandgap）。如图3-3所示，禁带宽度越大，电子越难以从价带移动到导带，反映在宏观情况下就是材料越难以导电。半导体的"半"指的是其禁带宽度介于导体和绝缘体之间，它既不会像导体铜那么容易导电，也不会像绝缘体二氧化硅一样难以导电。

以硅材料为例，硅是Ⅳ族元素，其外层电子数为4，这种原子和晶格结构使其禁带宽度为1.12 eV（电子伏特），也就是说如果想导电，就需要外界给予1.12 eV的能量让电子从价带跃迁到导带中，从而在硅中产生电流。与硅电学特性相似的

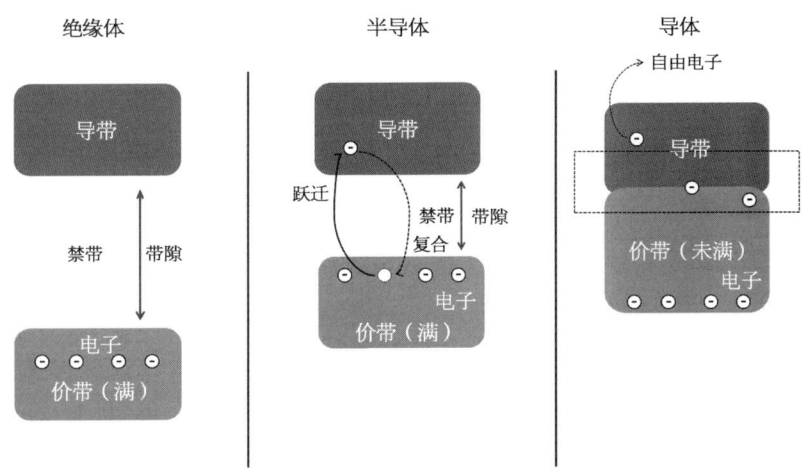

图 3-3 不同材料的禁带宽度

还有同属Ⅳ族的锗（Ge），其禁带宽度为 0.66 eV。世界上第一款点触式晶体管和集成电路都是用锗来做的。后来硅由于成本和器件性能等原因在很多电学应用上逐渐取代了锗，成为集成电路的主要材料，芯片因此也被称为"硅片"。

宽禁带半导体"宽"在哪儿？

宽禁带半导体的"宽"，顾名思义指的就是与硅相比，禁带宽度更大的半导体。随着5G、高铁和电动汽车的兴起，应用环境对半导体器件提出了高频、高电压等更多的要求。仅有硅作为衬底材料是难以为继的。因此，科研人员开始尝试制造一些同样具有Ⅳ族元素电学特性的材料。如图 3-4 所示，比如把两个Ⅳ族元素合成在一起就构成了碳化

5 B 硼	6 C 碳	7 N 氮
13 Al 铝	14 Si 硅	15 P 磷
31 Ga 镓	32 Ge 锗	33 As 砷
49 In 铟	50 Sn 锡	51 Sb 锑

图 3-4 元素周期表中的部分Ⅲ、Ⅳ和Ⅴ族元素

硅（SiC，3.2 eV），而把一个Ⅴ族和Ⅲ族元素合成在一起就构成了氮化镓（GaN，3.39 eV）、砷化镓（GaAs，1.4 eV）和锑化铟（InSb，1.3 eV）。

如图 3-5 所示，根据开发年代和禁带宽度，可将半导体材料划分为三代半导体。其中硅、锗为第一代，砷化镓和锑化铟为第二代，氮化镓和碳化硅为第三代。这里需要强调一点的是，不同

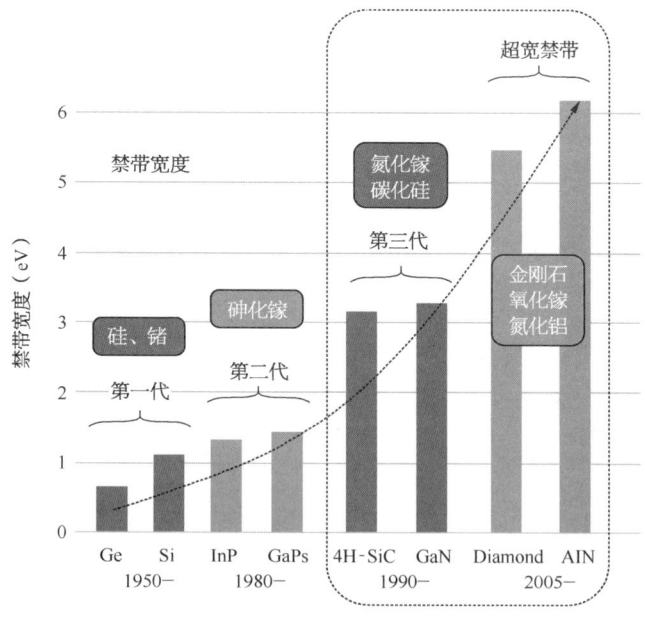

图 3-5 半导体材料的划分

"代"的半导体之间的关系并不是同类产品的更新迭"代",而是针对各自擅长的应用领域来说的。

第三代半导体"好"在哪儿

如图3-6和表3-1所示,在通常温度条件下,硅材料仍然是芯片不二的选择。然而,在高温、高压、高频、高电流密度和低功耗的条件下,就是宽禁带半导体的用武之地。

以氮化镓为例,由于其较大的禁带宽度,因此具有高击穿电场、较高热导率、耐腐蚀以及抗辐射等优点。此外,因其较高的载流子迁移率和异质结产生的二维电子气带来的较高的电子密度,由其制造的晶体管开关速度高,使得氮化镓是目前能同时实现高频(6G通信的40 GHz以上)、低功耗和大功率(几瓦到几百瓦)的唯一材料。

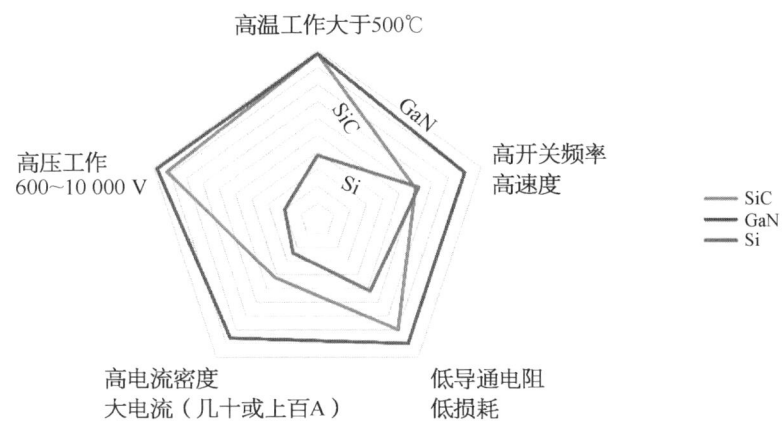

图3-6 第一代和第三代半导体电子器件特征对比

表 3-1 三代半导体材料性能对比

特 性	Si（第一代）	GaAs（第二代）	SiC（第三代）	GaN（第三代）
禁带宽度（eV）	1.12	1.42	3.26	3.39
饱和电子漂移速度（cm/s）	1.0×10^7	1.3×10^7	2.0×10^7	2.5×10^7
300 K 电子迁移率（cm^2/V·s）	1 500	8 500	700	1 000～2 000
热导率（W·cm^{-1}·K^{-1}）	1.5	0.5	4.5	>1.5
击穿电场强度（MV/cm）	0.3	0.4	3	3.3
相对介电常数	11.9	13.2	9.7	9.8
最高工作温度（℃）	250	350	>500	>500

氮化镓器件可在每个变电环节减少 2%～3% 的电能损耗，从电站到终端负载可节电 10%～15%。2030 年，中国总发电量将达到 10 万亿度，如果氮化镓器件实现 30% 的市场替代率，那么可节电约 3 000 亿度。

此外，在光学应用方面，以氮化镓为代表的氮化物是唯一覆盖可见光到紫外波长范围（190～760 nm）的半导体发光材料体系。再加上 5G 基站的建立需求，预计 2025 年氮化镓射频器件在通信基建上的市场将达 30 亿美元。据 Yole 公司分析，2019—2025 年氮化镓器件的复合年均增长率（compound annual growth rate，CAGR）将达 14.88%。

而对于碳化硅来说，它是目前已知的唯一可达到万伏千安等级功率（全球能源互联网必需的超特高压柔性直流输电）的半导体材料。因此，在充电桩、大功率电器和轨道交通领域均有巨大的应用前景。在低功耗方面，相较于硅材料，碳化硅使得新能源汽车的续航能力更强，将节省 77% 左右的能量损耗。

对于同属第三代半导体的碳化硅和氮化镓，前者相对氮化镓发展更早一些，技术成熟度也更高一些。两者最大的区别是热导率，这使得在高功率应用中，碳化硅占据统治地位；同时，由于氮化镓具有更高的电子迁移率，因而能够比碳化硅具有更高的开关速度，在高频领域具备优势。以充电为例，如果是手机和家用电器的充电装置，氮化镓目前是首选。但如果是电动汽车的充电桩，高功率的碳化硅产品则是主流。此外，这两种材料对应的半导体器件结构也往往是不同的，仅仅通过产品手册得到的巴利加优值BFOM（衡量功率的一种参数）是难以衡量孰优孰劣的。到底谁更好用，还是要结合具体应用场景才能看出来。

除了以上性能优势，第三代半导体在抗辐照方面也有着优异的性能。外太空中的高能粒子不仅会造成0/1信号翻转这样重启即可修复的软错误，更可能产生不可逆的硬伤。1997年1月6—11日，美国AT&T公司一颗同步轨道通信卫星（Telstar401）因为受到太阳风暴的影响发生了电路损毁，使得这颗使用寿命为12年的卫星仅服务了3年，其业务损失高达7.12亿美元。其"次生灾害"甚至波及华尔街。如果那时卫星中的电路有现在第三代半导体的保驾护航，相信这些损失是有可能避免的。

第三代半导体"贵"在哪儿

当然，这些性能提高的同时，制造和研发成本也是巨大的。以碳化硅为例，直径 6 in（1 in=2.54 cm）的硅基晶圆片，最多也就卖几十元。然而，在 2020 年买一个 1 cm×1 cm 的碳化硅晶圆片却需要几百元甚至上千元。其主要原因在于：

（1）工艺设备难度大　与熔体法生长的硅（熔点 420℃）相比，碳化硅的熔点比硅要高 2 000℃，这意味着"拉晶体"的炉子要根据碳化硅的情况来重新设计成耐 2 700℃高温的结构。

（2）工艺技术门槛高　黑色的碳化硅并不是单晶体结构，因此，烧制过程中不可能像拉硅单晶一样凭借肉眼作出判断。碳化硅烧制的过程更像制作景德镇的瓷器一样。多个条件限制就像多项式乘法中的变量一样，哪一个不合格都有可能让结果"归零"。哪怕烧制的原材料相同，不同时段烧出的晶体也会出现"龙生九子，各有不同"的情况。因此，为了提高晶体的纯度和工艺可重复性，需要工艺师多年不断地摸索和分析才能找到门道。

（3）技术保密性高　第三代半导体技术并不像电路设计那样可以通过调研大量相关的文献来学习，某些真正的商业机密在专利中也很难找到线索。相关的会议报告更像是公司的商业宣传，只会告诉你结果和利好消息，但绝不会告诉你过程。某些从事该行业的相关人员不仅要签保密协议，甚至出国时是有专人陪同的。

（4）垄断程度高　就像钻石一样，第三代半导体技术已经被某些像英飞凌、科锐（后更名为 Wolfspeed）、罗姆和安森美这些敢吃螃蟹的先驱公司占了先机。因此，与其说它是

"物以稀为贵"，不如说是一种技术垄断。

但我们还是要用动态发展的眼光来看待问题，以碳化硅为例，2021年9月，特斯拉宣布旗舰车型Model3首次搭载了意法半导体的碳化硅功率器件。要知道当时碳化硅功率器件和硅功率器件的成本差距在10倍以上，可意法半导体以极低的价格促成了此次合作。此举不得不说是个很大的冒险，但随着特斯拉的成功，意法半导体却掀起了碳化硅"上车"的风潮。英飞凌等其他公司也纷纷寻找电动汽车公司进行"试车"。在他们看来，成本是可以随着技术的成熟和量产的规模效应而逐渐降低的。

机遇却是可遇而不可求的。在华为的《数字能源2030》中对碳化硅有着这样的描述："未来十年是第三代功率半导体的创新加速期，渗透率将全面提升。如碳化硅的瓶颈当前主要在于衬底成本高（是硅的4～5倍，预计在2025年前年价格会逐渐降为与硅持平），受新能源汽车、工业电源等应用的推动，碳化硅价格下降，性能和可靠性进一步提高。碳化硅产业链爆发的拐点临近，市场潜力将被充分挖掘。"正是由于以上原因，某些媒体甚至把第三代半导体比喻成"黄金赛道"，连台积电都对碳化硅和氮化镓的特殊工艺进行了布局，相信这也是为什么全球有很多第三代半导体相关厂商积极扩建的原因之一。

2. 第三代半导体的全球概况

当代科技日新月异，某些科研成果的转化速度之快让人瞠目结舌。如果想知道一类技术从申请专利到量产产品，再到割据市场到底要花多长时间，那么第三代半导体无疑是个很好的研究对象。

第三代半导体技术诞生于20世纪初，发轫于21世纪，在不到10年的时间里就出现了群雄并起到产业格局初步形成的局面。其市场规模随着通信和工控产业技术革新带来的爆发式需求而急速扩张。分析公司对其市场份额的预言从几亿美元，一改再改到几十亿美元。

作为第三代半导体的典型代表，氮化镓和碳化硅在通信和功率器件方面平分秋色，各有所长，无论是5G基站还是电动汽车中都有它们的身影。在未来几年里，第三代半导体产业会有什么亮眼的表现，让我们在本节中一探究竟。

第三代半导体的全球产业布局

当前，虽然与硅基芯片数千亿美元的市场相比，第三代半导体市场仅为几十亿美元，但其市场的年复合增长率却是可观的。据Yole的数据预测，到2025年整个碳化硅功率器件的市场规模有望达到25.6亿美元，在2019—2025年复合增长率为29.61%。而氮化镓功率器件市场将从2019年的7.4亿美元增长到2025年的20亿美元，其年复合增长率为18.32%。具体以MOSFET晶体管为例，如图3-7所示，2021年硅为主要材料的低电压MOSFET（$V_{ds} < 40\ V$）的市场规模为36亿美元。而采用了第三代半导体的高电压

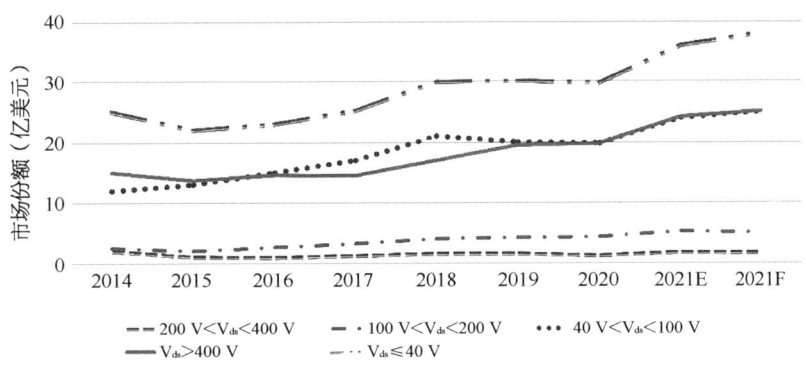

图 3-7 不同工作电压 MOSFET 市场规模
（数据来源：上海钜淮电子科技有限公司）

MOSFET（$V_{ds} > 400$ V），由于被大量应用，市场份额逐年增长，在 2022 年其全球市场规模将超过 20 亿美元。

虽然其占比在整个半导体市场中仅为 4.2‰，但由于其如此之高的长期投资回报率以及关系到国计民生的战略地位。在政府鼓励和市场给力的双重利好条件下，第三代半导体已经成为各公司和相关科研单位的重点发展项目。美国的科锐（Cree）、日本的罗姆（Rohm）、德国的英飞凌（Infineon）、意法半导体（ST）和美国的贰陆（II-VI）和道康宁（DowCorning）等公司都是长期霸占第三代半导体年度市场份额前几名的老牌企业。

以碳化硅为例，碳化硅的产业链与传统硅基工艺相似，涉及设备、衬底、外延、设计、制造、封测和应用等多个技术环节。如图 3-8 所示，为全球碳化硅产业链中的部分龙头公司。在衬底领域，2020 年仅科锐一家就占据了碳化硅衬底市场的半壁江山（52%）。2021 年，在包含了设计、制造和封测的器件领域，意法半导体（37%）、英飞凌（21%）、科锐旗下的 Wolfspeed（14%）、罗姆（9%）和安森美（7%）五家共占市场的 88%。当然，不断增加的市场也意味着其他细分领域仍然有较大的空间吸引更多的公司参与入围。而氮化镓也是重复了碳化硅的"故事"，群雄并起，几家独大。如图 3-9 所示，为氮化镓射频厂商的分布情况。Yole 预计到 2025 年，与碳化硅集中于电动汽车（61%）和光伏储能（12%）领域不同，氮化镓射频器件的市场占比中最高的为雷达和卫星所属的军事通信（55%）和 5G 所属的电信基础设施（36%）。

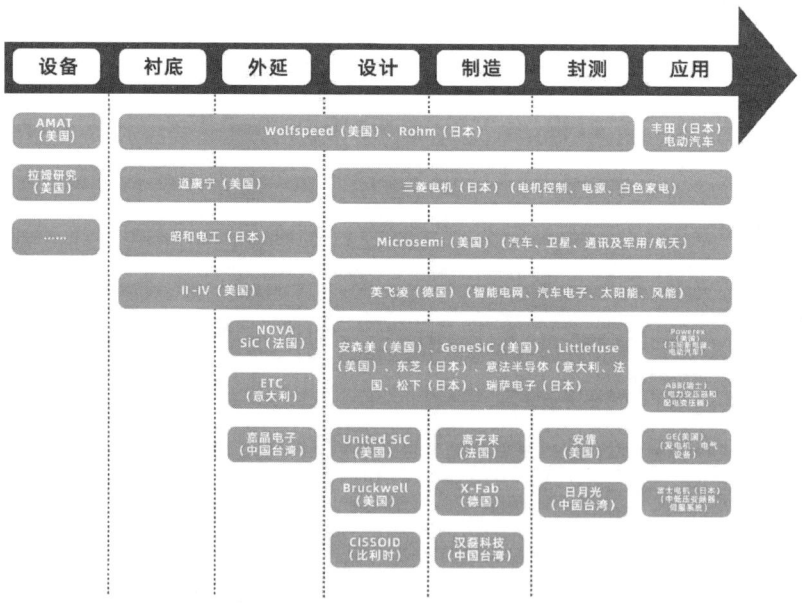

图 3-8　碳化硅产业链及龙头企业

图 3-9 氮化镓射频厂商地图（数据来源：Yole）

第三代半导体的专利布局

"市场未动，专利先行"。专利布局对于一个公司的技术和营销发展的作用毋庸置疑。从专利布局中可以看出一个公司的技术发展策略和预期。通过对专利的多种分类，就像是用不同齿宽的犁一样，把第三代半导体这块地梳理得清清楚楚。

第三代半导体相关专利首次申请出现在 21 世纪初，在 2000 年以后进入快速增长阶段。从宏观的专利申请量上看，美国早期领衔全球专利增长，2010 年前后中国的申请量首次超过美国。截至 2021 年 12 月，全球第三代半导体的专利申请数量为 2.67 万项，其中，中国的专利申请量约占全球专利总量的 56.79%，其次是日本（12.66%）和美国（12.49%）。

由此可以看出中国对第三代半导体技术与日俱增的重视程度。从专利种类的分布中可以看出，发明专利约占82%，实用新型和外观专利分别约为17%和1%。这与第三代半导体技术含量高、原创性强的特点是密不可分的。当然专利的申请量并不等于专利的授权数量，更不等于有效专利的数量。

2010—2019年，专利的授权率保持在50%～66%，但在2020年和2021年出现明显的降低，分别约为42%和21%。这说明全球各大公司和相关单位的专利申请已经到了一个白热化的竞争阶段，申请专利的大量雷同带来了授权率的整体下降。此外，即使专利授权也并不意味着其长期有效，截至2021年12月，仍然有效的专利约占申请总量的37%。

从专利的价值上看，截至2021年12月，全球第三代半导体的专利总价值约为19.35亿美元，其中3万美元以下的专利数量最多，约占65%；其次是3万～30万的专利数量，约占27%；300万美元以上的专利最少，仅占0.77%，但其价值比重却是不可忽视的，其中最有价值的两项专利均来自黑莓公司（均为9 380万美元），克里公司有五项专利排进了前十（每项专利4 900万～5 700万美元）。

从专利的细分领域来看，截至2018年9月，如图3-10所示，碳化硅和氮化镓两种主要材料的专利申请数量较为接近，其中碳化硅材料的器件工艺（27%）和功率半导体器件（22%）相关专利在同种材料中几乎占到一半。氮化镓材料的光电子（35%）和外延生长（27%）相关专利在同种材料中遥遥领先。这反映出第三代半导体不同产业链环节中的创新能

第三章 | 第三代半导体引发的产业变革

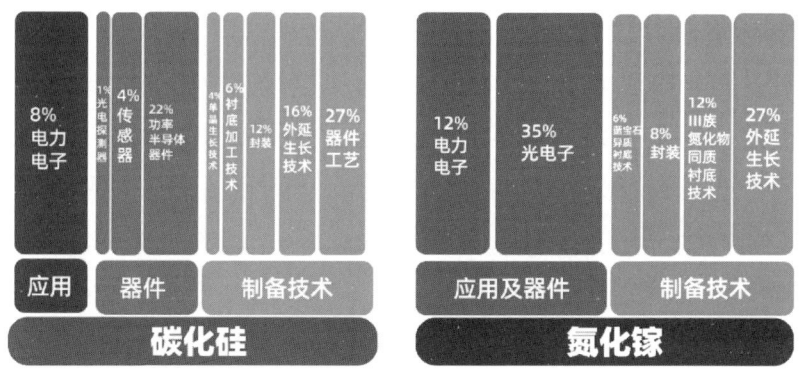

图 3-10　第三代半导体专利的技术分布

力和发展空间。除此之外，我们还可以根据专利被引用次数发现具体哪些技术环节仍然潜力巨大。截至 2021 年 12 月，被引次数最多的两个专利分别为"GaN 场效应晶体管"（专利号：WO2003071607A1）和"一种增强型氮化镓 HEMT 器件结构"（专利号：CN101312207A），它们的被引次数分别为 140 次和 91 次。从中可以看出氮化镓器件结构仍然是科研方面的重点。

如果您是第三代半导体公司的专利策略制定者，您会如何根据上述的宏观和微观数据进行专利布局呢？我们以德国的英飞凌为例来进行分析。英飞凌的前身是西门子公司的半导体部门，于 1999 年独立出来，总部位于德国的纽必堡。公司的主要业务围绕着汽车、工业功率控制、电源管理、传感器和物联网相关芯片及其应用解决方案展开。而第三代半导体作为工控芯片的核心技术，自然受到公司的高度重视。其与第三代半导体相关的分立器件的专利从 2011 年开始就急速增长，并在 2015 年和 2017 年前后分别迎来了两次顶峰。这一阶段的集中性布局说明英飞凌很会给产业发展把脉，为了成为排头兵，他们会根据产业的发展情况，对发展速度及时进行调整。英飞凌的技术分支主要集中于产业链中上游，分别为单晶生长、衬底加工、外延生长、器件工艺和芯片封装。截至 2018 年，英飞凌在全球的专利申请主要集中在碳化硅器件工艺、氮化镓封装和氮化镓外延生长三个领域，在同种材料的相关专利中分别约占 59%、42% 和 34%。

从地域分布上看，英飞凌在全球的专利布局区域主要集中在美国和德国，其次是中国和日本。此外，在欧洲其他国家也有一定数量的申请。在中国，英飞凌的专利主要涉及氮化镓同质衬底、氮化镓封装和碳化硅器件工艺。与之相关的企业活动是，自 1995 年在中国无锡建厂以来，英飞凌在中国已经拥有了约 2 000 名员工，2018 年 3 月，英飞凌与上汽集团成立合资企业，主打产品就是专利中比重最大的以第三代半导体为主的电动汽车的功率器件。就像从排兵布阵的比例中可以辨别出其主攻方向和对象一样，从英飞凌在不同国家的专利申请数量和种类的分布上，我们可以看出其预期发展的主要技术领域和重点目标市场，即哪个国家是重要的目标市场，专利布局的比重就向哪个国家倾斜。

英飞凌与氮化镓相关的专利应用主要体现在其 5G 无限通信领域中。事实上，早在 2015 年 9 月 8 日，英飞凌就开发出了采用 GaN-ON-SiC 基板和 HEMT 结构的氮化镓功率晶体管。该产品的频率分别为 1.8～2.2 GHz 和 2.3～2.7 GHz。

与当时的 LDMOS 功率晶体管相比,在功率密度上提高了 5 倍。当然,与英飞凌有着相似专利布局的还有很多其他国家的企业和专利,它们分别是三菱(JPH07165498A)、LG(KR1019990001289A)、NEC(JP2000349338A)和科锐(WO0168955A1)等公司。它们在更多的诸如衬底技术、结构和设备的细分的赛道上激烈地进行着专利的抢注和封堵,也共同促进第三代半导体技术在全球的发展。

专利背后的科研人员

专利技术的背后是研发团队的不断探索和人才管理所取得的成效。英飞凌核心的两位研发成员是罗兰·鲁普(Roland Rupp)和汉斯-乔基姆·舒尔策(Hans-Joachim Schulze)。鲁普在英飞凌已经工作近 28 年,任首席碳化硅科技研究员,而舒尔策在英飞凌的工作经验更是长达 34 年,其专业领域为功率半导体、半导体材料和技术研发。英飞凌关于碳化硅 80% 的专利都出自像他们这样的顶级专家。这说明,最重要的不是专利的申请数量、价值和细分数据,而是要想到如何寻找到"能够下优质蛋的母鸡",如何把"母鸡"养好,即给予他们提出创造发明的土壤并对其发明行为给予积极的肯定和激励。专利从它授权有效的那一时刻开始就已经成了无法变更的"历史资料",但发明专利的人却是可以继续提出新的想法和思路的。技术布局是产业布局的先导,而发明人的"创作欲望"是专利技术得以持续申请,技术优势得以长期巩固的决定性因素。希望随着第三代半导体产业的蓬勃发展,在中国能够出现越来越多优秀的人才。

3. 第三代半导体在中国的概况

2020年以来,中国第三代半导体产业面临复杂的外部环境。全球新冠肺炎疫情持续蔓延,世界经济严重衰退,国际贸易投资萎缩,中国经济面临的不稳定、不确定因素显著增多;逆全球化思潮泛滥、贸易战频发,日韩等贸易战给全球半导体和电子制造商带来了供应链安全风险;国际第三代半导体龙头企业显现领先优势,逐步建立行业壁垒,或对中国第三代半导体业造成一定冲击。

与此同时,多种因素促成中国第三代半导体产业逆势上涨。提振信心的5G、AI、物联网、大数据等市场提速,新能源汽车、PD快充和新型显示时代的来临,应用市场对第三代半导体的需求已经开始呈现出前所未有的增长趋势。

下游企业从供应链安全角度考虑,导入国产器件,国内产品获得了试用、改进的机会;政策支持力度更大、资本市场更活跃,推动第三代半导体产业链布局加快;新基建、"碳达峰、碳中和"的政策与规划密集推出,第三代半导体材料和器件应用于清洁能源领域,如光伏、风电等,以及提升能源使用效率领域,如直流特高压输电、新能源汽车、轨道交通等,将对实现"碳达峰、碳中和"起到至关重要的作用。

第三代半导体在中国的发展

在以上背景下，中国第三代半导体产业持续稳定发展。技术方面，研发能力逐步提升，量产技术逐渐成熟。国际碳化硅商业化衬底以 6 英寸为主，逐步向 8 英寸过渡；国内碳化硅商业化衬底以 4 英寸为主，逐步向 6 英寸过渡；国内外碳化硅基氮化镓外延片主流尺寸为 4 英寸，并逐步向 6 英寸发展；硅基氮化镓外延片主流尺寸为 6 英寸，并逐步向 8 英寸发展。

碳化硅 MOSFET 产品相继推出，车规级产品成为关注焦点，多家企业陆续推出符合 AEC-Q101 认证标准的碳化硅、氮化镓量产产品。

氮化镓电力电子器件实现 650 V 产品量产能力，并主要应用于 PD 快充。商业化氮化镓射频器件供应上量，下游应用市场快速开启。黄光 LED 芯片发光效率达到 27.9%，属世界领先；UVA 波段紫外 LED 已有成熟的商业化产品并能满足应用的需求，其外量子效率已达到 40% 以上；UVC 波段深紫外 LED 产品的外量子效率约为 5%。此外，Mini/Micro-LED 技术取得了较快速的发展，Mini-LED 背光产品密集发布，规模商业化应用已经开启；Micro-LED 巨量转移效率不断提升，已有多家厂商展出样机。

产业方面，国际主要企业大力完善产业布局，通过调整业务领域、整合并购等方式，树立市场优势地位。国内企业强化布局，第三代半导体产业进入扩张期，产线陆续开通，大尺寸晶圆渐成主流。虽然产能进一步增长，但供给仍然不足。

市场方面，碳化硅功率器件价格持续下降，与硅器件价差进一步缩小。新能源汽车成为市场的主要拉动力，上下游合作趋势日益明显，第三代半导体产品加速进入汽车供应链；5G 基站开始大规模建设，整体市场超千亿；快充市场爆发，对第三代半导体的需求呈现了前所未有的增长趋势；Mini/Micro-LED 以及紫外 LED 市场前景较为明确，产业化应用逐步开启。

资本方面，整合并购频发，资本加速进入，国内投资金额已超 700 亿元。

第三代半导体在中国的产业布局

经过多年的发展，第三代半导体材料和器件在电力电子、微波射频和光电子三大领域的应用均获得了不同程度的拓展。如图 3-11 和表 3-2 所示，由于第三代半导体材料属于国家战略性先进材料，具有技术创新和拉动经济新增点的双重优势，近年来得到了国家大基金、地方政府和民间资本的高度关注，扩产金额近 700 亿元。

据 CASA Research 不完全统计，2020 年共 24 笔投资扩产项目，已披露的投资扩产金额达到 694 亿元（不含氮化镓光电子），较 2019 年同比增长 161%（2019 年共 17 笔）。按材料来看，碳化硅领域共投资 17 笔，涉及金额 550 亿元；氮化镓领域投资 7 笔，涉及金额 144 亿元。按环节来看，衬底环节领域投资 12 笔（主要为碳化硅衬底），涉及金额 175

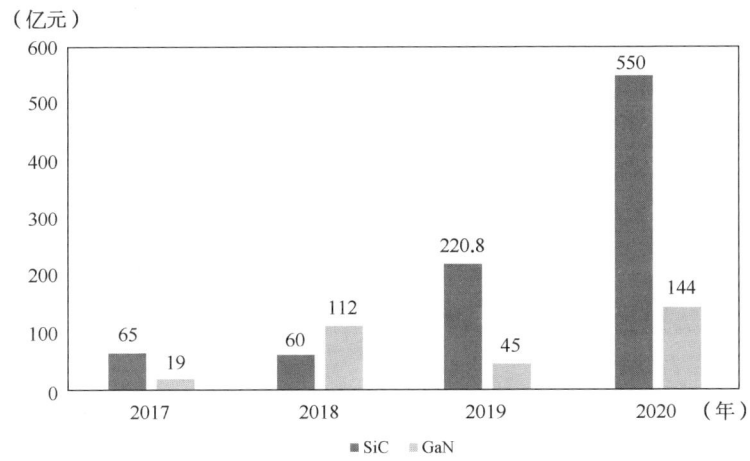

图 3-11 2017—2020 年第三代半导体投资扩产情况

表 3-2 2020 年国内主要第三代半导体投资扩产情况

企　业	地　区	主要产品及方向	投资金额（亿元）
天科合达	北京大兴	SiC 衬底	9.5
同光晶体	河北涞源	SiC 衬底	15
南砂晶圆	广东南沙	SiC 衬底	9
江苏超芯星	江苏仪征	SiC 衬底	0.8
博蓝特	浙江金华	SiC 衬底、蓝宝石衬底	10
中科钢研	陕西西安	SiC 衬底	18
露笑科技	安徽合肥	SiC 衬底	100
泰科天润	湖南浏阳	SiC 器件/模块	15
华瑞微	安徽滁州	SiC 器件/模块	10
西安西为电气	江苏徐州	SiC 模块	2
斯达半导体	浙江嘉兴	SiC 模块	2.3
世纪金光	安徽合肥	SiC 衬底、器件/模块	2.5
三安光电	湖南长沙	SiC 全产业链	160
安徽微芯长江半导体	安徽铜陵	SiC 全产业链	13.5
吴越半导体	江苏无锡	GaN 衬底及芯片	37

(续表)

企　业	地　区	主要产品及方向	投资金额（亿元）
大连芯冠	江西南昌	GaN 电力电子	——
欣忆电子	广西桂林	GaN 电力电子	16
赛微电子	北京	GaN 射频及电力电子	1
北京华通芯	上海金山	GaN 射频	37
正威集团	辽宁沈阳	GaN 射频	——
立昂微	浙江海宁	GaN 射频	43
成都新兴中微科技	四川成都	GaN 射频	15

亿元；器件/模块环节领域投资15笔，涉及金额520亿元。按区域来看，长三角地区投资11笔，涉及金额263.3亿元；中西部地区投资6笔，涉及金额229亿元；京津冀鲁地区投资5笔，涉及金额188.5亿元。

第三代半导体在中国的产业未来

根据2021年的数据，如表3-3所示，从第三代半导体的地域性分布来看，长三角地区（浙江、江苏、上海和安徽）在项目数量上最多，其次是以广东为主的珠三角地区。长三角地区对碳化硅和氮化镓都有涉足，而珠三角地区主要集中于碳化硅材料及其晶圆片的研制。

然而，如果从产业规模上看，要数中西部（成都、重庆、湖南和江西）最为庞大，500多亿的投资总额是其他地区难以匹敌的。而且这些项目中不仅涉及基础制造，更有高端器

表 3-3 第三代半导体在中国的产业布局

地区	省市	企业	类别
长三角	江苏	英诺赛科	GaN
		吴越半导体	GaN 衬底及芯片
		百识半导体	GaN/SiC
		江苏超芯星	SiC
		西为电气	SiC 模板
	上海	天岳	SiC
		华通芯电	GaAS/GaN
		芯泳半导体	GaN
		华通芯	GaN 射频
	浙江	立昂微	GaAS/GaN
		世纪金光	SiC、SiC 衬底、器件/模块
		博蓝特	SiC 衬底、蓝宝石衬底
		斯达半导体	SiC 模块
	安徽	徽芯长江半导体	SiC 全产业链
		露笑科技	SiC
		微芯长江	SiC
		华瑞微	SiC 器件、模块
闽三角	福建	瀚天天成	SiC
		三安集成	SiC 及 GaAS/GaN
珠三角	广东	青铜剑	SiC
		华润水泥	SiC
		南砂晶圆	SiC 衬底
中西部	广西	欣易电子	GaN 电力电子
	湖南	三安半导体	SiC
		泰科天润	SiC 器件、模块
	四川	新兴中微科技	GaN 射频
		海威华芯	GaN 射频及代工
	重庆	聚力成	GaN
	陕西	中科研钢	SiC

（续表）

地区	省市	企业	类别
中西部	江西	大连芯冠	GaN 电力电子
		康佳半导体	
京津冀鲁辽	北京	天科合达	SiC 衬底
		泰科天润	SiC 衬底
	河北	同光晶体	SiC 衬底
	山东	中鸿新晶	GaN/SiC
		富能	SiC
	辽宁	正威集团	GaN 射频

件和电路的设计。而京津冀鲁辽和以福建为主的闽三角地区也各有发展的侧重点。这种发展趋势与集成电路主要集中于北上广深的情况是很不相同的，说明在第三代半导体发展方面，全国各个地区都处于难得的粥多僧少阶段，投资者出于多种原因开始向中西部地区倾斜。

可以看出，中国第三代半导体产业已经开始由"导入期"向"成长期"过渡，自主可控能力不断提高，整体竞争实力不断增强。随着技术的逐步提升，产品体系日益完善，第三代半导体正在能源互联网、5G 基站建设、新能源汽车及充电桩、大数据中心、消费类电子、特高压人工智能、城际高速铁路和城市轨道交通、特高压等新应用市场不断"开疆拓土"。截至目前，我们讨论的大部分内容都是围绕着技术及其相关产业链的不同环节展开，事实上还有一个同等重要的部分决定着公司的"兴衰"，那就是企业的经营之道。

第四章

半导体制造企业经营之道

> 半导体是极微与巨大共存的事业。不仅技术要追求超微的极致，市场行销和经营也都必须做到无微不至、周到的考虑。同时，大规模投资、全球性战略、合作策略等总体思考也极为重要。
>
> ——日本 IC 教父：川西刚

一提到"制造业"，很多人的第一印象就是楼房、汽车、洗衣机、冰箱和电脑这些日常可见的"大件"。然而，当看到一些新版的知名智能手机的报价时却发现手机这么小，却那么贵。其中的原因之一就是"产品附加值"。也就是说虽然同属制造业，但它们之间却有高低端之分，是不能随便用一把尺子来衡量的。

1992 年，宏碁电脑董事长施振荣在《再造宏碁：开创、成长与挑战》一书中提出了如图 4-1 所示的微笑曲线。其结论是，企业如果想增加产品的附加值，绝不能只满足于位于曲线下端的组装和制造，还要力争上游向专利、技术以及品

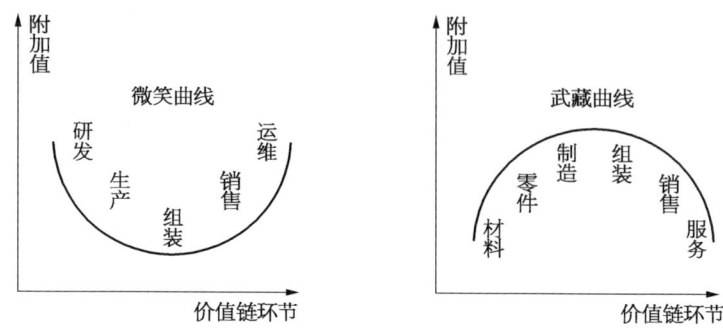

图 4-1 微笑曲线与武藏曲线

牌和服务领域迈进。

然而，当把电脑整机换成机器里的芯片时，却发现这条曲线又变成了所谓的"武藏曲线"。武藏曲线是 2004 年由日本新力索尼中村研究所的所长中村末广所创，而其最好的佐证就是台积电。

当然，关于这两条曲线的争议将无休无止地继续下去，相应的案例也不胜枚举。但大部分情况下都是"擦枪走火""各执一词"。关键是大家的争论对象分属产业链的不同位置，产品生产和制造的难度也不在一个平台上。事实上，"附加值"不仅是一个公司、产业、国家的问题，更是很多发展中国家振兴经济急需考虑的现实问题。我们将在本章中对半导体制造业进行分析，看看它的附加值到底高不高。

1. 领军人物应具备的特质

如果你阅读各种励志书籍，会发现很多公司的管理者都留下了各种"金科玉律"。看似每个人都言之凿凿,可真的按照上面的去尝试又往往会发现"不见得"。而且不同领域、不同公司都会有各自不可复制的"天时、地利与人和",因此照搬照抄肯定是不行的。哪怕是同一分享人,在创业和守业阶段也会对企业的经营之道有不同的理解。一般来说,创业者逆境时解决问题的经验要比顺境中锦上添花的"自圆其说"更具参考价值。因此,这一小节将对半导体制造公司领军人物所具备的特质进行探讨。特别是初创和遇到困境时所反映出来的如何从"0"到"1"的睿智。

能力和权力缺一不可

英特尔的诺伊斯

纵观目前半导体制造业的前三强,非英特尔、台积电和三星莫属。英特尔的创始人当仁不让地要数第一章提到的诺伊斯。他不仅是当时专业领域的顶流,更是曾经仙童半导体的最高管理者。而能力出众的诺伊斯之所以离开仙童,是因为总公司收走了8位"创始人"的股权并剥夺了他们投资技术再开发的权力。

为了"自己说了算",诺伊斯和摩尔找到了当年为他们牵线搭桥的仙童摄影的阿瑟·罗克(Arthur Rock)一起筹钱。初期投资预计50万,创始人共同出资30万,后期需要通过外部投资者来实现。

融资的过程非常具有戏剧性,1968年的诺伊斯在半导

芯事 The big bang of the chip

体业内的声望可谓如日中天，仅仅48小时，罗克就通过电话从投资人那里获得了每股5美元、共50万股（250万美元）的股票投资。整个过程俨然一位大腕儿导演，电影还未开拍，甚至剧本都没写好，投资人就慕名而来。

在罗克的资本运营下，1968年7月18日诺伊斯和摩尔创立了英特尔（早期叫N. M. 电子公司）并通过股权掌握了公司的实权。而最重要的是，股东们都对公司的两位创办人报以绝对的信任，任由他们尝试想做的芯片。

罗克后来说过："在我投资过的公司当中，英特尔也许是唯一一家让我有绝对的、百分之百的把握取得成功的公司，因为有摩尔和诺伊斯在。"后来加入投资的还有诺伊斯母校格林内尔学院（Grinnell College）理事会的成员，其中一位新成员就是未来的股神——沃伦·巴菲特（Warren Buffett）。

有人曾经问过巴菲特，为什么当初违反了自己的投资法则（很少投资高科技企业）成了英特尔的股东。他的解释是：我们赌的是骑师，不是马。这也使得仙童的很多有志之士争相效仿，但并不是所有人都像诺伊斯那样一开始就被投资人青睐有加。AMD的创始人桑德斯回忆当初就说："诺伊斯总是说花了5分钟就搞定了500万美元*，好吧，我花了500万分钟才搞来5美元。"

而诺伊斯团队也不负众望，他们对未来产品进行了尝试

---

* 此处为桑德斯的原话，带有夸张的意味，实际上应该是花了48小时，获得了250万美元。

和比较。在排除了难以完成的多芯片存储模块和很容易被效仿的肖特基双型存储器之后，诺伊斯决定采用当时新型的晶体管 MOS 管来设计存储器。

在接下来的 2 年时间里，英特尔就靠着 1 K 的 3301 型 ROM 领先业界。而最引人瞩目的 1103 型 DRAM 内存芯片更是在之后成为计算机、计算器和游戏制造商争相抢购的"硬通货"。到 1972 年，英特尔已成为一家拥有 1 000 名员工，年收入超过 2 300 万美元的产业新贵。获得了绝对信任和权力的诺伊斯团队，没有让英特尔重蹈仙童的覆辙。1974 年，英特尔"恐怖"地占据了全球 82.9% 的 DRAM 市场份额。

三星的李健熙

就像将在本章第 6 节中所讲的，在接下来的几十年里，DRAM 的霸主地位在不同国家的公司之间轮番更换。目前市场份额主要集中于三星为首的韩国企业。

与专业能力出众的诺伊斯相比，三星的第二代领军人物李健熙则是一位手握大权的"好老板"。1983 年，创始人李秉喆就发现所卖家电产品的核心竞争力是芯片。在父亲的支持下，李健熙多次前往美国进行调研，寻求技术和人才。他是当时韩国公司最早认识到半导体重要性的决策高层。

为了开发 DRAM 芯片，父子俩力排众议，几乎赌上了三星的全部。虽然李健熙拥有最高的决策权，但他同时也把部分权力下放给三星业务部懂技术的高管。拥有权力的伯乐配上具有专业能力的千里马，使得三星这辆马车在内存芯片设计、半导体制造和手机领域纵横驰骋，攻城略地。

对三星崛起功劳最大的人就是李健熙。连台积电的创始人张忠谋都不无佩服地如此评价："好的老板是很难找的，1 000 个人里面只有 1 个；不过，李健熙刚好是那 1 000 个人当中的 1 个。李健熙本身不是半导体专家，可是他认识并了解半导体的潜力，也意识到手机市场的潜力，他是关键人物，是英雄造时势。"

台积电的张忠谋

在三足鼎立中，1987 年才创办的、现在却在代工方面后来居上的"小老弟"台积电，在初创阶段可谓举步维艰。

曾在德州仪器工作 25 年、专业能力顶尖、管理做到总公司副总裁的张忠谋深知英特尔的"发家史"，也比任何人都知道 DRAM 技术的开发难度。1989 年更是在李健熙的邀请下参观了三星的 DRAM 厂，了解到韩国公司世界一流存储器的制造实力。

身为技术专家和管理达人的张忠谋，必须面对当时中国台湾工艺落后美国两代半到三代的现实。经过深思熟虑，张忠谋决定从代工入手。之所以如此，是因为张忠谋发现中国台湾工厂在良率方面与当时的日本工厂有着相似的优势，虽然当时中国台湾的工艺落后于欧美，但是在同类工艺中中国台湾企业的良率却是更高的。而如何提高良率正是张忠谋在德州仪器的"看家本领"。这部分我们将在本章的第 3 节中详细讨论。

经过市场调研确定了公司该制造什么芯片之后,剩下的就是融资了。然而成立之初的台积电可不像现在这般风光,张忠谋给包括英特尔、德州仪器、摩托罗拉、王安等在内的10多家公司都发了募资信,但得到的回答几乎都是消极的。

这时,看上中国台湾廉价劳动力的飞利浦出手相助,成为台积电占股28%的股东。按照当时的情况,飞利浦如果使用选择权的话,是可以把股份提高到51%的。如果真的这么做,那台积电的历史很有可能会被改写,张忠谋也很有可能失去对公司的控制权。

然而,在考虑到本家半导体经营惨淡、同类产品良率低于台积电、连总经理都被撤职的情况后,飞利浦最终决定改为纯投资,把台积电的经营权交给张忠谋。而在上市之初,更是与张忠谋约定其掌握的股权不能超过50%。

很显然,张忠谋像诺伊斯一样避开了仙童当初有能力、没权利的"地雷"。截至2010年飞利浦已经几乎将手中所有台积电的股份变现另作他用。截至2019年,台积电占比最大的股东——美国的花旗银行也只占了20.78%的股份。

正是在权力不"外传"的前提下,张忠谋才能大展手脚,以良率为首枚好牌开发和创新了台积电的商业模式(这部分我们会在第2节和第5五节中再详述)。

除此之外,就像在《芯事:一本书读懂芯片产业》一书中我们提到的,台积电的成功也是与相关领域高层的信任和支持分不开的。如果说诺伊斯是加州硅谷教父的话,那么张忠谋就是中国台湾硅谷的教父。

纵观英特尔、三星和台积电这3家公司半导体的初创领军人物，诺伊斯属于既有权又有专业能力，李健熙属于有权并相信下属的能力，张忠谋则属于下放权力且自身有能力。而反观日本公司，虽然东芝在20世纪90年代有着像川西刚这样有能力的"职业经理人"，但公司却从未给予其能力相匹配的决策权，使得这些能人虽然能够预见未来发展态势并提出合理化建议，但只能眼睁睁看着日本的DRAM市场逐渐被韩国企业蚕食而英雄无用武之地。

权力是把需要剑鞘的双刃剑

当然，强调创业之初的领军人物二力合一的重要性并不是要把其必要性上升到"包治百病"的程度。领军人物也是人，即使能力再强也有犯错的时候。绝对的权利是把双刃剑，在力排众议的情况下做出的决策有可能是"高瞻远瞩"也有可能葬送公司多年的基业。

肖克利就是个典型例子。诺贝尔获奖者的身份让人们对他的专业能力毫不怀疑，连身边的"八人帮"也都是他的"小迷弟"。在公司的管理和运营方面，肖克利的"一言堂"更像是电影里的黑帮老大。但是，与其敏锐的识人眼光和出众的晶体管设计能力相反的是，肖克利却是一个糟糕的管理者。他妄图像控制实验室一样把公司的每件事情都抓在手里，公司的产品策略不断地更改，诺伊斯的诺奖级发明也被置若罔闻，下属的合理化建议得到的回复竟然是：你只要做好我交给你的事情就可以了。权力的乱用和独揽大权不听劝告的后果就是员工的集体出走和公司的没落。

然而，另外一个虽然与肖克利一样具有极大控制欲的人却把公司办得风生水起，让公司在一次次危机中转危为安并如涅槃重生般焕发新的生机。他就是格鲁夫，一位从诺伊斯和摩尔手中接管公司的匈牙利裔CEO。

要说格鲁夫与肖克利在管理方法上最大的不同，恐怕就在于"民主集中制"。这个过程可以分为三步：

（1）在作决策之前，领军人物要摆出一张扑克脸，充分记录和听取来自公司各个部门主管的想法，无论大家说什么，怎么说，都要允许其畅所欲言。在英特尔创业初期，公司的扁平化使得公司高层和下属之间并没有明显的尊卑之分，员工之间更是可以直言不讳。

（2）决策者理解和综合了各方建议和权衡利弊后，再确定最终方案。必须强调一点的是，这与老板早就想好主意、提前和几个心腹商量好台词、仅仅走个过场的会议是完全不同的。历史一再证明，格鲁夫很多最初的想法都不是最佳的，甚至是错误的。在积极接受了由下至上的反馈后重新制定的决策才是公司"起死回生"的良药。良药能不能吃下，就看你能不能忍下它的苦涩了。

（3）公司上下无论最初讨论时是否同意最终观点，但一旦策略敲定后，所有人员都要全力以赴贯彻执行。那些表面上举手赞成、背地里互相拆台的人，只能在走出格鲁夫的办公室后选择另谋他处。

不同维度的能力

洞察力

洞察力来源于观察、阅读、学习和思考。张忠谋认为，学习是观察加上阅读的结果，而思考是最重要的。作为领军人物，不仅要观察与工作相关的事物，还要观察工作之外的事物，其花费的工夫基本占比为2∶1，而与工作相关和不相关的阅读比例却是1∶4。也就是说，闲暇时的阅读量是远远大于本职工作的。

这在某些人看来是有些"反常识"的。身为一把手，不是应该把关心本业放在第一要务吗？为什么看那么多闲书呢？在张忠谋看来，对企业未来策略的最重要的思考往往就来自工作之余阅读后的"灵光一现"。半导体产业受全球经济影响很大，所以决策者必须掌握多个像金字塔一样的知识系统，然后经过独立苦思才能有所洞察和具有真知灼见。

以2008年台积电的逆周期投资为例，张忠谋之所以能够很早预见到经济危机的来临并做出相应的支出控制，在他看来就是他对经济透彻的洞察力，而这个观察力就来源于他将经济危机与希腊悲剧类比。张忠谋认为，2008年发生经济危机的原因就在于像古希腊时期放纵的时代本质。漫长的放纵之后危机会不可避免地到来，经济泡沫也是如此。虽然希腊悲剧发生在2000年前，但是后人所做的事更像是昨天故事的循环往复。

当然，这不是鼓励大家都去希腊戏剧和中外名著中找灵感，而是想强调专业外的阅读和思考。俗话说，磨刀不误砍柴工，阅读后提高的思考能力完全可以运用到公司的"运筹帷幄"之中。如果领军人物的眼光像某些专业技术人员一样仅仅局限于本领域的话，他所有的思考都将不可避免地带有强烈的目的性，从而会过滤掉很多与工作不相关的信息，而这种思维方式是很容易造成策略制定的"同质化"。"想他人之所想"是没问题了，但是想"出奇制胜"的话就难上加难了。

毅力

毅力对于领军人物的意义在于对公司愿景和策略的长期坚持。坚持，说起来容易做起来难。顺境里大家都很容易坚持下来，但逆境甚至关系到公司生死存亡的时刻，能否将原有想法贯彻执行下去就是真正的考验了。周围很多的人都会产生动摇，很多被碰触到自身利益的人甚至会"集体抗议"，而领军人物则面临着要负总责的局面。

以三星的 DRAM 逆周期为例，如果没有李健熙在前两轮经济下滑时顶着破产风险的逆周期投资，就没有现在韩国企业称霸 DRAM 市场的局面。现在对三星赞赏有加的人，当年不见得心里真的这么想。在半导体这个逆水行舟不进则退的市场中，没有领军人物的力排众议和破釜沉舟，公司是难以有飞跃性发展的。AMD 没有桑德斯屡战屡败、屡败屡战的毅力和决心，无论外援多给力，公司也会因为失去主心骨而丧失斗志、半途而废。

当然，这里所说的毅力并不是"不撞南墙不回头"的固

芯事 The big bang of the chip

执己见，而是制订了详尽的公司策略之后不受外界阻力影响的执行力。纵观早期的硅谷，有军工背景的德州仪器，无论是发明集成电路，还是提出 DRAM 和处理器都是"起了个大早却赶了个晚集"。这些被历史证明了颇具前景的方向，当时的德州仪器都没能在获得先机的情况下坚持下来，通过竞争取得预期的市场份额。很多时候人们不禁假设，德州仪器当初哪怕再坚持一下，也许现在就没英特尔、三星和台积电什么事儿了。就像张忠谋所说，后来德州仪器的负责人没有及时跟上技术的发展，更没能把握住市场。可惜时光无法倒流，领军人物也不能说换就换，不过好在现在的德州仪器反而"以不变应万变"，保住了模拟电路这个赛道而成为业界翘楚。

应变能力

1986 年，英特尔由于 DRAM 存储器市场的失守，营业额已经连续 2 年大幅下降。但 DRAM 无论作为英特尔的发家主业，还是实验新工艺的路径依赖，一直以来都是英特尔的骄傲，甚至是美国集成电路产业的骄傲。在那个年代，DRAM 在半导体产业市场中几乎是"一家独大"的。而且，英特尔经过努力已经把存储器的技术做到了国际前列，前两年才刚刚靠它实现了最好的营业成绩。然而，转眼间就面临着"城门失守"、日本公司要攻进来的窘境。

在这时，格鲁夫问摩尔："如果我们被踢出去，董事会带来一个新的首席执行官，你觉得他会怎么做？"摩尔毫不迟疑地回答："他会让我们退出存储器业务。"格鲁夫木然地盯着他,然后问:"为什么你我不能走出这个门,然后回来自己这样做呢?"在此之后,英特尔退出了存储器业务,以30%的研发和资本支出推出了之前不被格鲁夫看好的微处理器业务。关键时刻能够忍痛割爱,甚至否定之前的自己,这一点并不是所有的领军人物都有这种魄力的。

然而,微处理器业务的前景在当初也并不明朗。随着4004主创人员的离开和竞争对手逆向设计的"山寨",英特尔陷入了为他人作嫁衣裳的境况。摩托罗拉不仅在原有8086的基础上解决了其中的问题,提高了处理器的性能,而且比英特尔获得了更早的上市时间,赶上了边际利润最高点。而Z8000更像我们在第一章提到的那样,正是4004的设计者法金的下一代"杰作"。也就是说,英特尔的8086面临着性能优于自己的摩托罗拉68000与奇洛格(Zilog)Z8000的合围,销售预期正在逐渐落空。

如果你是英特尔的决策高层,你会如何应对呢?一向以技术领跑者自居的英特尔在格鲁夫的带领下,竟然出奇地冷静,他们放下高傲的姿态,承认技术上的暂时差距,而后另辟蹊径从销售上下功夫,采用了"解决方案"的销售理念反而获得了更多的订单。

就像特德·莱维特(Ted Levitt)的那句名言:人们不需要直径1/4英寸的钻头,他们需要直径1/4英寸的洞。客户与其说在乎芯片的性能和价格,不如说更在乎芯片用起来是否简单易行,是否有配套的外围设备。如果把芯片插上去就能实现具体应用,而不是看了半天产品手册,输入额外的指令或者重新更改原有的电路板，那就再好不过了。

因此，英特尔这个以技术见长和自豪的公司，竟然出其不意地在圣诞节期间组织1 000多人参与销售相关的"粉碎行动"。要知道，从发现问题到制定计划，英特尔只用了7天时间，格鲁夫很快就接受了这项提议并在几天内就在全公司范围内贯彻执行。而摩托罗拉在7天的时间里甚至没有组织任何一次会议。这也使得摩托罗拉陷入每次行动都比英特尔慢一拍的被动局面。英特尔的一个特点就像格鲁夫一样，出人意料地坦诚犯过的错误，然后从弱点中找到扭转乾坤的力量，从而改变局势。

此处要多说一点的是，应变能力重点不在"变"而在"应"，不在速度而在方向，在于如何根据自身特点进行调整才能应变到位。否则就像很多跟风做AI芯片的公司，看到英伟达由显卡升级做GPU后干得风生水起就也着急跟风，最后只能落得"逞一时英雄"的下场。不仅是英伟达，中国的中芯国际也是在转换思路后，采取立足国内市场的策略，才与台积电形成了差异化发展。

国际观

一提到国际观，大家很容易想到的一点就是全球市场、跨国公司和资本输出等关键词。事实上这里所提到的领军人物的"国际观"还包含3个层次：

（1）全球产业链

必须承认，就像波音飞机必须整合全世界的资源才能制造出飞机一样，任何公司都不得不借助全球范围内的产业链来形成完整的芯片制造链条。哪怕是号称 IDM 的英特尔虽拥有芯片工艺的核心技术，仍然需要日本的材料（光刻胶）、欧洲的装备（荷兰阿斯麦尔的光刻机），以及台积电的代工服务来释放产能。也就是说，全球集成电路产业已经形成了要么互相"掣肘"，要么互相"成全"的格局。因此，只有整合全球产业链的公司才能在未来的发展中立于不败之地。

随着集成电路最小制程的降低，芯片的集成度不断提高，然而如图 4-2 所示，10 nm 之后的芯片制造成本并没有像原来一样下降多少，反而逐渐呈现了饱和的趋势。其中，导致成本居高不下的一个主要原因就是制造芯片的设备，特别是像光刻机这种价格高达 10 亿元的设备就足以让很多代工厂望而却步。为此，英特尔、台积电和三星这 3 家竞争对手竟出奇一致地成为荷兰阿斯麦尔的股东。说白了，他们中的任何一家都无法负担制造工艺的所有研发费用，因此不得不采用众筹的方式来共享成果。

（2）国际化的人才

"21 世纪什么最贵？人才！"在半导体产业，这句至理名言更加深刻。如何网罗人才，特别是全世界的人才，不同的公司有不同的做法。英特尔地处美国这个移民国家，自然可以近水楼台先得月，靠着全世界的技术移民和留美的外国留学生来扩充其"常备军"。

韩国由于其本土文化，虽然三星里外籍员工随处可见，但其管理者仍然都是韩国人，这是家族企业挥之不去的烙

芯事 The big bang of the chip

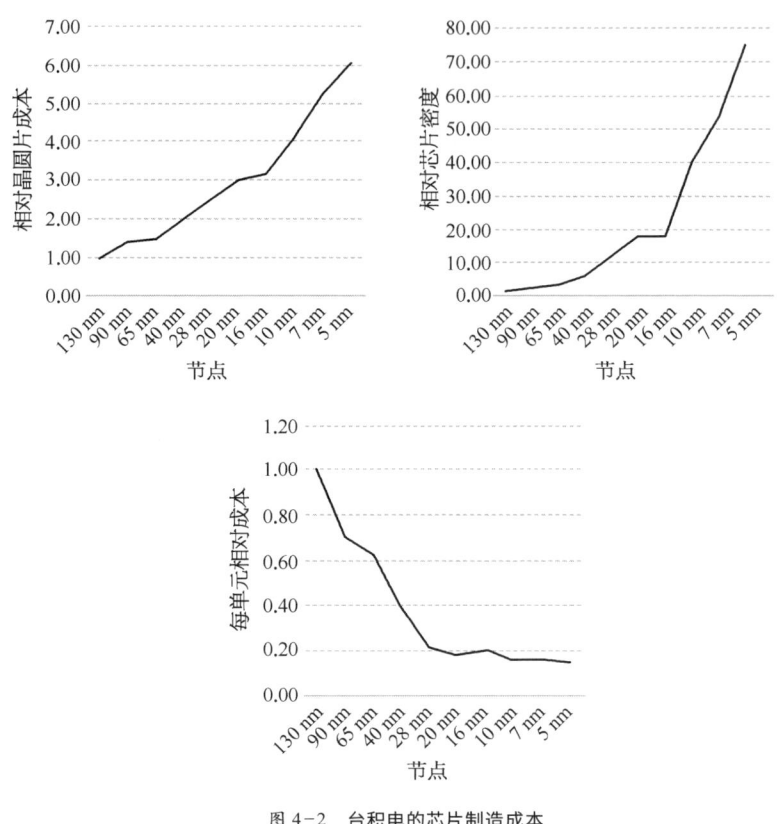

图 4-2 台积电的芯片制造成本
（信息来源：IC Knowledge）

印。而台积电呢？首先其创始人张忠谋就不是中国台湾本地人，而大部分台积电员工的身份都是华侨。台积电靠着优秀的薪资待遇和工作条件吸引了很多华人世界的技术达人前来任职，而这些人有很多也都是世界知名高校的毕业生或者是曾任职著名公司的中层骨干。

对于集成电路这种技术人员流动较高的产业，很多人才在这些公司之间不断跳槽，以实现更高的自我价值，同时也将集成电路的先进技术传播到全世界。

（3）全球市场格局

张忠谋当年创立台积电的时候，联电等公司还想着通过模仿日本在 DRAM 上有所建树，以此来满足中国台湾本地的市场份额。而张忠谋却早早地预见到代工将来必然成为全球设计公司趋之若鹜的服务。这一点就像我们在本节之前所说，当时还没有得到业界的普遍认可。然而，张忠谋却坚持做了下去。台积电目前能有这样的营业收入和长期较高的利润率，全都仰仗于当初的"盘子有多大"。可以设想，如果当年台积电仅仅满足于周边几个设计公司的需求，仅仅因为看到很多 IDM 厂家都自产自销的话，那就不会有今天这么多全球的 Fabless（无晶圆厂设计公司）的公司挤破头也要和它谈合作了。

因此，全球市场格局的判断，是一家公司初创时就要考虑的事情，而不是走一步算一步，等到现有市场饱和需要拓展国外市场时才想起来制定新的策略。一个领军人物是否具有全球观，是公司产品能否在地球村的大集市里卖出去的关键因素。当然，我们不能以偏概全，一个企业仅有优秀的领军人物还是不够的，与之匹配的优秀团队也是同等重要的。

2. 优秀的生产技术研发团队

团队里的"吉祥物"

在医院，如果需要做外科手术的话，你是找发表了多篇顶级文章的科研达人，还是找职称并不高但做过成千上万次手术的主刀医生呢？同样的，在集成电路产业，如果你需要咨询工艺技术的话，是找几乎从不进净化间的某些高层，还是找长期在第一线的从事工艺开发的工程师呢？或者再换个角度，如果你是猎头公司，正在给一条新的工艺线物色提高良率的达人，你是找KPI考核优秀的小组长，还是找第一个发现具体改良方法的工艺工程师？

列举上面的例子，并不想让大家觉得只有一线的技术人员才是最重要的，而是想说不要只顾着崇拜某个光鲜亮丽的"发言人"，更要注重此人身后的团队。张汝京先生之所以被某些公司高薪聘请，不仅是他本人"名声在外"，更重要的是他的"组团"能力和协调能力。

优秀团队的组成方式

那么，到底该如何组织一个优秀的生产技术研发团队呢？

以英特尔为例，2014年底对于英特尔来说是由14 nm向10 nm工艺转型的关键过渡期。具体表现为，14 nm量产赚钱，而10 nm继续开发良率有待提高。按照往年新老技术的交替经验，顺利的话，这个时候设计团队应该已经按照10 nm的工艺来规划新的CPU电路了，预计在接下来的1~2年内可以完成整个电路设计，并与良率提高后的工艺部门"胜利会师"。

事实上，工艺还包括建厂、备料、培训人员和调整机台等一整套环节，其中任何一个环节出现问题，都会令新工艺的量产时间向后推迟。然而偏偏在这个时候，英特尔陷入了内外交困的情况。

从内部看，在英特尔有着这样一支名为技术制造组（technology manufacturing group, TMG）的团队。该团队采用封闭式军事化管理，而负责团队的制程主管更是一个高危职业，成功了就荣升副总裁，失败了则卷铺盖走人。

事实上，从 2014 年开始，该团队的负责人就出现频繁更迭的情况。不仅如此，在接下来的几年里，董事会选出的 CEO 们分别隶属于财务、管理和技术 3 个层面。每个 CEO 的"三把火"看似都在理，都是为了公司好。比如，有的 CEO 觉得攘外先要安内，因此一些技术部门的领导被更换，很多与主攻业务相关度较低的部门被遣散。然而在此过程中，人才流失也造成了研发队伍短时间内创新不足的局面。而有的 CEO 觉得先要保证造血机能的恢复，因此如何活用现有成熟工艺及时止损保证利润率又成了重中之重。

但现实是残酷的，结果原有市场不仅没有巩固，反而不断被竞争者蚕食。这时的英特尔高层才反应过来：原来我们是一个以技术为先导的公司，因此芯片性能又成了最优先需要解决的问题。

相关的负责人决定破釜沉舟，采用跨越式发展的模式，直接跨代研究 GAA（gate all around）结构晶体管的商业工艺。但疲于奔命的生产部门显然难以达成这个不可能的任务。各部门之间如何沟通顺畅也是一个棘手的问题。即使你的芯片密度确实在提高，但密度提高的同时带来的散热、存储速度和系统构架问题却不能都指望设计部门独立解决。哪怕是让"硅仙人"吉姆·凯勒（Jim Keller）来任高级副总裁，也无法在短期内实现各个团队之间的"无缝对接"。就像他本人所说："要想确立我们的方向，最重要的是设定正确的目标，然后围绕它建立组织。这需要大量的工作，所以我没有写很多代码，但我确实发送了很多短信。"在一番尝试之后，吉姆·凯勒于 2020 年 6 月离开了管理过的 1 万多人的团队。

世人都知道集成电路的研发是个烧钱的活儿，新工艺和新技术的探索在某种程度上更像是一场豪赌，在赌出个名堂之前需要至少几年，甚至 10 年的耐心等待。可很多公司在这之前基本上就已经因耗不起、等不及、坐不住而纷纷离席了。不是所有董事会的成员都愿意忍心割肉的。在以技术为王的集成电路公司，也许管住嘴、把专业问题交给专业人士才是高层最该做好的事情。

反过来说，为什么技术出身的高层容易受到下面人的拥戴？因为他可以听懂工程师们的弦外之音，可以知道哪些只是借口，哪些是真的需要群策群力才能解决的问题，而不是拿着大棒和甜枣驯化手下人如何听话，那样只会让失望的员工"用脚投票"。

事实上，冰冻三尺非一日之寒，各种长期积累的问题是无法靠一两剂猛药下去就能见效的。单一方面强硬的处理手段，反而像捅破气球一样泄放出长期的积怨，引来更多的反弹。昔日的仙童人才济济，可无法论功行赏，寒了心的工程师纷纷出走，最终沦为吹散了的蒲公英，只剩一个光杆司令而无人能用了。

从外部竞争上看形势则更加严峻。台积电最先展开了以 FinFET 为主打的新工艺攻关，率先完成了 10 nm 工艺的顺利量产。也就是说，在你犯错和举棋不定的时候，竞争对手会趁机对你实现超越并逐渐拉开距离。当技术差距拉开到一代工艺时，市场份额将会被蚕食，大客户将会被抢走，从而造成公司利润下降。而没了钱就无法保证进一步的研发投入，也无法跟上竞争对手的节奏，双方差距会越来越大，造成新服务和新产品迟迟难以如期实现，形成恶性循环。

这在某种程度上就像马拉松比赛一样，本来领先的选手突然自乱阵脚，结果后面跟跑的对手趁机替代了其位置。即使落后者抓紧时间重回原有状态，但这段时间里新的第一名已经拉大了二者之间的距离。靠勉强提速只能再一次打乱原有的节奏，经过一番乱斗之后不得不策略性地跟跑以期有反转的机会。

不仅如此，过去战略联盟多年的兄弟们也在商言商，纷纷倒戈到台积电那里，例如苹果从 2020 年开始结束了与英特尔长达 15 年的处理器领域的合作。

整个英特尔就像一艘风雨飘摇中的远洋巨轮迷失在百慕大找不到出路。一时间，英特尔响了几十年的"Tick-Tock"* 面临停摆的危险，难道英特尔这个曾经不可一世的蓝色巨人

---

* Tick-Tock 是英特尔 2007 年提出的一种芯片发展策略，"tick"指的是为期一年的工艺制程的更新，"tock"指的是为期一年的处理器构架更新。

即将就此落马？

事实上，英特尔不是马而是瘦身后的骆驼。虽然在技术上被超越，但英特尔多年积累的家底仍然非常厚实，东山再起不是没有可能，再加上美国政府的"神助攻"，未来谁主沉浮真的不好说。蓝色巨人虽然走了一段弯路，但其技术水平仍然是处理器芯片的前三名。公司培养新人的软实力仍然留存，造血机能并没有丧失。此时，最需要的就是拥有一位可以服众、令公司上下一心重新找到正常研发节奏的领航人。

2021年2月15日，作为80486的构架师，在英特尔工作过多年曾任CTO的帕特·基辛格（Pat Gelsinger）成为英特尔的新任CEO。公司上下似乎终于找到了主心骨，英特尔的股价也终于在长期低迷后稳定下来，但基辛格本人却在当年的12月9日华盛顿经济俱乐部的活动上对外宣称：公司的财务状况仍不乐观，让英特尔重回巅峰至少需要5年的持久战，在工艺制程上与竞争对手打成平手也要等到2024年才有可能。

回顾英特尔几十年间的起起伏伏，每次遇到危机都是它涅槃重生的新机遇。一致对外可以暂时压住内部矛盾，而触底反弹又会带来重拾信心的积极反馈。最"可怕"的并不是高傲时的领跑者，而是冷静思考后卧薪尝胆的追赶者，曾任CEO的安迪·格鲁夫告诉过世人，连面子和身段都能放下的英特尔是什么事情都能做出来的。

有的读者可能会问，这章不是应该更多地谈谈中国的集成电路企业吗？事实上，我们提到的每一幕都在不同国家相关领域的公司的不同时期和不同人群中反复上演。生产技术团队从来都不是左右公司成败的唯一因素。公司高层最应该做的就是不要把必要因素当成主要因素，把紧急问题当成首要问题，把智商高的工程师想当然地情商归零。世人崇拜"乔帮主"的执行力和特立独行，更有甚者专门研究其现实扭曲力的秘诀以期换来同样的成就。但在我们看来，他最值得后继者学习的并不是表面看上去的那些，而是决不妥协、追求完美和把技术当艺术去做的那种韧劲，因为在他看来，产品就是他个人观点的表达，是他改变世界的手段。虽然乔布斯既不擅长软件编程也不擅长画硬件版图，但是他骨子里却是一个精益求精的工程师。这使得他可以用自己独特的魅力和方式组建优秀的生产技术研发团队。此外，我们考验团队生产技术研发得是否成功，除了技术本身带来的芯片性能和功能的提升，对于企业来说，还有一点也同等重要，那就是该产品是否能够量产，深入地说就是量产后的良率为多少。

3. 优化良率与生产周期

当在餐馆发现点的西红柿炒鸡蛋不好吃的时候，你会想到什么呢？一般来说，我们首先会脑补一下这道菜的制作流程，然后根据色香味的效果推测一下其中哪个步骤出了问题：是西红柿不新鲜、油太重，是鸡蛋炒煳了，还是葱花放多了？其实，芯片制造的工艺也是一样的。

当发现部分芯片不能满足测试要求时，就要拿出制造芯片的详细工艺流程，找到生产线领班和具体操作人员，对其中可能出现问题的某道工序和具体机台与正常状态下进行比较，并做出调整，直至解决问题。

芯片良率与成本

当然，类比并不能精确阐述事物的本质。要想了解芯片制造，必须知晓一个概念，那就是良率（yield）。如果用公式来表示良率的话，很多人第一个想到的就是：

$$良率 = \frac{合格产品数}{产品总数}$$

但这种描述方式对于了解芯片良率不高的原因并没有太多意义。因此，又有人结合不同的生产环节将芯片良率归纳为：

$$总良率 = 晶圆良率 \times 单颗芯片良率 \times 封测良率$$

这些子良率具体对应的公式为：

$$晶圆良率 = \frac{通过所有工艺后的合格晶圆数}{进入工艺流程的所有晶圆数}$$

$$单颗芯片良率 = \frac{制造合格的单颗芯片数}{晶圆片上所有单颗芯片数}$$

$$封测良率 = \frac{封测后合格的单颗芯片数}{制造合格的单颗芯片数}$$

不同子良率的成因不同，如表 4-1 所示为对应的影响因素和具体的举例。

表 4-1 不同子良率的影响因素与例子

子良率	影响因素	例子
晶圆片良率	工艺步骤数量	步骤数与良率成反比
	晶圆片装载运输	晶圆片破损或弯曲
	制程偏移	偏移率与良率成反比
	工艺缺陷	抛光清洗不到位
	掩膜缺陷	硫化氨引起的残留物
单颗芯片良率	晶圆片直径	直径与良率成反比
	单颗芯片面积	单颗芯片面积与良率成反比
	工艺步骤数量	步骤数与良率成反比
	电路密集度	密集度与良率成反比
	硅晶圆质量	质量与良率成正比
	工艺流程耗时	耗时与良率成反比
封测良率	芯片设计	复杂程度与良率成反比

总良率是各家代工厂的最高机密和核心竞争力，它影响企业的成本，也是行业竞争的底牌。因此，除非高良率会带来利好消息，否则一般对外公布的数据都是部分良率或者部分数据［某种芯片的缺陷密度（defect density）］。

良率也是个动态的数据，随着技术的改进和工艺线的调试，良率是可以提高的。2018—2019 年，中芯国际 14 nm 工艺样品的良率就从 3% 提高到了 95% 以上。这是实属不易的，因为良率的背后隐含着各种工艺中可能存在的问题。以单颗芯片良率为例，如图 4-3 所示，测试结果告诉我们，越靠近晶圆边缘的单颗芯片损坏的概率越高。究其原因，主要与晶圆的晶向、平整度和光刻胶涂敷等工艺一致性问题密切相关。

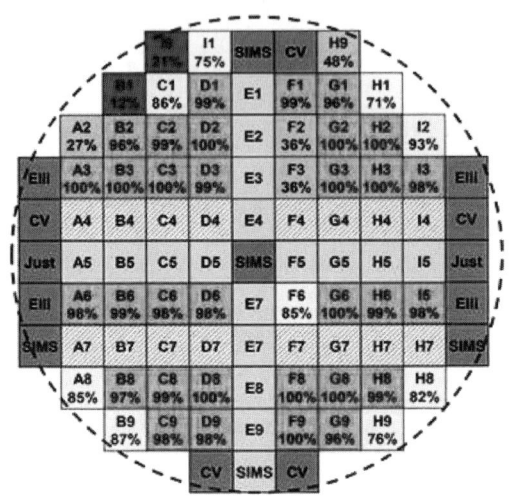

图 4-3 单颗芯片良率与其所在晶圆位置之间的关系

事实上，芯片制造过程中的任何一个环节出现问题都可能让最终结果功亏一篑。在 20 世纪 60 年代，芯片制造良率低下的主要原因在于环境卫生问题，诸如空气中花粉的浓度、地下水位的季节性变化、附近农场喷洒的除草剂、操作工如厕后是否洗手等。这些问题都随着净化间的出现得到了有效解决。

然而，即使过滤系统的效率可以达到 99.999 995%，但随着晶体管密度和晶圆尺寸的增加，新的问题又层出不穷。连看似清澈的蒸馏水也得换成地球上最纯的纯净水。奥运金牌大小的溅射靶材纯度也需要达到 99.999%，更不用说几乎所有工艺都必须按照摩尔定律每 2 年升级，甚至变革性地更新一次了。事实上，如表 4-2 所示，从芯片设计、制造到封测都存在着导致良率不高的"雷区"。

表 4-2　其他影响芯片良率的因素

设计和工艺环节	影响良率的原因
设计	电路结构存在缺陷 版图接触孔画少了
制造仪器	刻蚀机蚀速率异常
工艺条件	PECVD 的配气比例不准
操作人员因素	风浴时间不足
封测	机械臂上存在静电

压死骆驼的稻草有很多，每根都可能是"重要的一根"。以复杂的 CPU 芯片为例，其主要制造步骤可达 700 步，如果每一步的良率都是 99% 的话，看似问题微乎其微，但这些问题累计起来的最终良率将仅为 0.088%（0.99^{700}），几乎为零。只有当每步的良率为 99.99% 的时候（1 万颗芯片里面只坏 1 颗），最终良率才能上升到 93.24%（0.9999^{700}）。

由此可以看出，不同加工步骤中的诸多因素就像多项式乘法中的各个变量一样，任何一项出现偏差都可能让良率降低几个百分点。而哪怕是 1% 的良率下降，对晶圆厂而言也是损失巨大的。

半导体材料厂商应特格（Entegris）执行副总裁及首席运营官托德·埃德隆德（Todd Edlund）曾在接受媒体采访时表示，对于 3D Nand Flash 存储器的晶圆厂而言，1% 的良率提高可能意味着每年 1.1 亿美元的净利润。而对于尖端的逻辑晶圆厂而言，1% 的良率提高则意味着 1.5 亿美元的净利润。以 CPU 为例，如表 4-3 所示，随着良率的提高，每

表4-3 良率与单颗芯片成本的关系

芯片型号	金属层数	线宽	晶圆成本（美元）	缺陷（cm²）	面积（mm²）	单颗芯片数/晶圆	良率	单颗芯片成本（美元）
386DX	2	0.9	900	1.0	43	360	71%	4
486DX2	3	0.8	1 200	1.0	81	181	54%	12
PowerPC 601	4	0.8	1 700	1.3	121	115	28%	53
HP PA 7100	3	0.8	1 300	1.0	196	66	27%	73
DEC Alpha	3	0.7	1 500	1.2	234	53	19%	149
SuperSPARC	3	0.7	1 700	1.6	256	48	13%	272
Pentium	3	0.8	1 500	1.5	296	40	9%	417

颗芯片成本和晶圆成本基本呈现显著下降的趋势。此外，金属层越多、线宽越窄，晶圆成本也越高。在晶圆面积一定的情况下，单颗芯片的面积和良率是成反比的。

芯片良率和生产周期的控制

提高芯片良率，说起来容易做起来难。在调试之前，没有人告诉你问题到底出现在哪里，也不见得每个问题都有现成的解决方案。就像第 1 章第 1 节所说，"魔鬼在细节中（The devil is in the detail）"。无论是初期调试还是后期纠错，寻找这些隐藏在各个细节中的良率杀手们对于血肉之躯的常人来说都如同大海捞针。更何况很多情况下，生产环境等因素是动态变化的，各个变量之间也有着千丝万缕的关系。正所谓牵一发而动全身，就像安装家具和修理手表一样，一个地方的微调可能给整个系统带来"余震"。

此外，时间不等人，芯片生产线一般都是全年无休，24 小时运作，就像跑马拉松时节奏一旦被打乱很难恢复状态一样，生产线一旦关机，其重启难度是很大的，代价也是巨大的。2021 年 2 月，三星电子位于美国得克萨斯州奥斯汀的半导体工厂因寒潮停产 1 个月，损失额约为 3 000 亿～ 4 000 亿韩元（约合人民币 17.5 亿～ 23.4 亿元）。

那么，在现实中是如何快速解决这些难题的呢？其中一个答案可能出乎很多技术达人的预料，就是两个字：管理。具体技术问题的解决当然需要靠摸透机台脾气、经验丰富的

芯事 The big bang of the chip

"老师傅",但如果想长期让生产线运转正常、良率有保障,那就需要通过团队合作和有效管理来完成了。

20世纪80年代末,英特尔为了扩产基于1μm工艺的i386处理器(发布于1985年10月17日),急需提高芯片的良率。英特尔的克雷格·贝瑞特把麦当劳当成了成功案例,当把薯条和芯片进行了类比后,贝瑞特产生了这样一个疑问:"为什么无论哪里卖的麦当劳炸薯条味道都一样呢?"由此催生出了英特尔著名的"精确复制(copy exactly)"方案。在该方案提出之前,生产同一产品的不同生产线是"各自为政"地调试设备和仪器的工艺参数的。然而,这样做的最大问题在于良率迟迟无法提高,产量和成本也难以得到有效控制。针对这种情况,英特尔采用了如下方式来开发和管理新的工艺线:

(1)工艺整合工程师、工艺工程师和设备工程师组成的团队一般要花几年的时间一起研究和调试出一条良率有保障的研发线。在这个过程中,大家可以群策群力,做出各种提高产量和良率的尝试。但方案经过工程部相关领导审核并确定后,就不再做过多的修改。

(2)之后工艺整合工程师退出,其他工艺线的工艺工程师和设备工程师拷贝研发线的方方面面。小到设备每个参数的设定,大到仪器的布局,全部按照研发线上一模一样地仿照。具体分为"5M+E":

① 机器(machine):设备的硬件和软件及设置参数;

② 人力(manpower):具备资格认证的设备操作和维护人员;

③ 物料（material）：直接或间接的一些辅助物品；

④ 测量（measurement）：用于测量工艺参数的检测工具和方法；

⑤ 方法（method）：设备运行和维护的流程，通常有专门的规范文档；

⑥ 环境（environment）：运行设备所需要的公用设施和环境，如水、电、气、室内温度、颗粒度等。

（3）良率达标后，设备工程师需确保日常仪器的维护和保养。如果需要升级工艺或者发现仪器异常，工艺整合工程师将根据情况做出调整并通知工艺工程师新的工艺流程。工艺工程师将做出设备校准、实验晶圆片切片分析、晶圆可接受度测试、单批客户产品试产、功能测试和良率验证。最后，走更换机台和领导审核的流程。

这样做的效果如何？来做个对比，如图4-4所示，研发线和1号厂房的生产线刚开始良率都很低，但1号线采取了

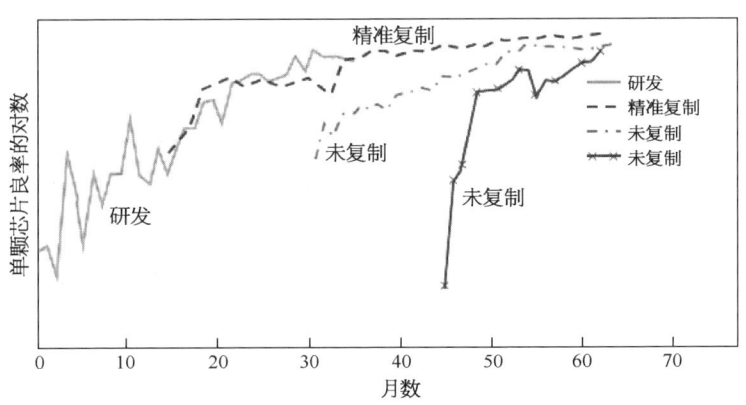

图4-4 英特尔1μm技术在不同工艺线的单颗芯片良率的对数值与月数的关系

精确复制的方案，使得其良率始终与研发线保持一致。而2号和3号厂房完全没有参照地独立进行生产线的调试。结果发现，2号和3号对应的良率调整进度要落后1号6～12个月。虽然2号和3号的工艺工程师尝试对主要问题进行了修正，但真正的问题在于良率上去之前没有人知道诸多问题的优先级。有些看似无关紧要的问题反而是导致良率下降的罪魁祸首。

因此，看似"扼杀"自主性的完全复制模式，其实是跟时间赛跑的最佳统计方案。而英特尔i386之后的亚微米工艺的处理器之所以能够很快实现产量和良率的提高，成本的降低和精确复制方案是功不可没的。当然，该方案不仅适用于芯片产业，在汽车和各种设备制造业也是屡试不爽的。

事实上，精确复制的方案本质上是把整个芯片的工艺制造都当成了一个大型的复杂实验。在实验过程中，有诸多因素决定着最终结果的成败。这些因素有的是显而易见的关键因素（如光刻机），可以通过公式中的变量实现量化（光刻机精度），然而在某些情况下，反而是一些看似毫不起眼的原因（地下水的水位）最终导致了产品良率的下降。

有的时候这些原因是可以溯源的，但有的时候却是难以给出具体的机理解释。工艺工程师只能告诉你，只有这样调的效果才是最好的，至于为什么，有的时候真的很难解释。因为各个制约因素之间并不完全是孤立的，它们彼此之间还有着千丝万缕的联系，这就使得我们难以用穷举的方法对复杂的因素进行"地毯式"梳理，只能在把握大方向的同时，默认一些操作的有效性并且将之复制到其他生产线。因此，反过来说，精确复制方案又不完全是一个实验，因为实验讲究可以追根溯源，而精确复制的最终目的是让更多的生产线具有参考工艺线的高良率，而不是研究所有这些因素背后的原因。

良率是代工厂的核心竞争力

张忠谋曾经说过，就晶圆代工厂而言，良率是无可比拟的核心优势。以DRAM为例，其核心优势主要视良率而定，高良率就能降低生产成本，每月生产几万片的经济规模并不是主要的竞争优势。

看到这里，你可能会觉得似乎这句话有点反常识，芯片设计技术不应该是核心优势吗？让我们通过著名的"美日存储芯片战"来找到具体的解释。

如图4-5所示，可以看到在1984—1986年全球的半导体市场营业收入存在着一个极其巨大的下滑。当时还没有人知道这种隔几年就会来一次的半导体"经济周期"的概念。以英特尔为例，格鲁夫和摩尔发现他们的存储器DRAM似乎没人想买了。英特尔刚刚还在庆祝他们1984年的营业收入比上一年增长了近50%，达到了16.3亿美元，可转眼2年后就降到了1986年的12.6亿美元。英特尔不得不关闭7座工厂，裁掉了7 200个职位，波及1/3的员工（主要来自存储器事业部）。同样的事情也发生在美国的国家半导体、仙

芯事 The big bang of the chip

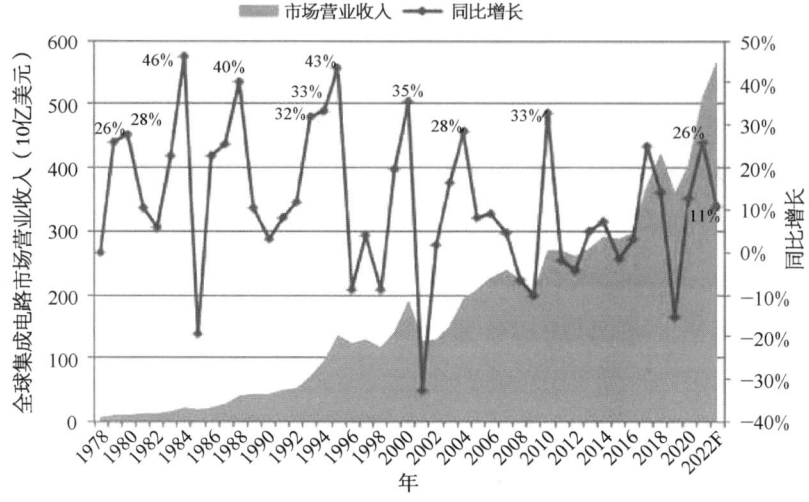

图 4-5 全球半导体市场份额及增长率
（数据来源：IC Insights）

童、超微和德州仪器等公司。

究其原因，在于大洋彼岸的日本。其实早在20世纪70年代，时任德州仪器副总裁的张忠谋就发现同样生产DRAM的工厂，无论是新产品还是成熟产品，日本工厂的良率（20%～70%或60%～70%）都远高美国工厂（5%～10%或30%～40%）。

意识到这点的，还有惠普的一位年轻中层经理埃德·海耶斯。他在波士顿和硅谷的产业大会演讲中，提到交付给惠普用于制造仪表、计算器和计算机的芯片质量问题。这些芯片的良率差别很大，日本供应商的良率高于90%，而美国的芯片良率则低至60%～70%。而且，前者的交货速度是后者的2倍。

英特尔的贝瑞特在几年后也做了类似的工作，他在对比了英特尔和包括日本等其他世界级制造商的芯片制造质量规范后感慨道："我们所有的结果——良率、吞吐时间和资本利用率都糟透了。"而在某些美国人眼中，日本人还停留在20世纪60年代只能贡献一两篇重要性不高的会议论文，英语很烂，只知道频频给幻灯片拍照的印象中。

事实上，日本的NEC、富士通和日立等公司已经"卧薪尝胆"，启动了一个复制美国技术的系统化计划，并且把"质量管理"放到了头等重要的位置上。如表4-4所示，张忠谋对20世纪70年代日本和美国公司（如德州仪器）的生产人员进行了比较。通过对比可以发现，无论在人员素质、团队精神和质量管理等方面，日美之间都存在着很大的差别。

表4-4 20世纪70年代日本和美国公司生产人员对比

国家	作业员的学历	人员流动率	缺席率	设备故障率	领班、生产工程师素质	团队精神
日本公司	高中和大学以上	1%～2%	几乎为0	5%～10%	理工专业	很强
美国公司	参差不齐	10%～50%	5%	30%～40%	非理工专业	相对较弱

与此同时，为了迎头赶上，日本政府也在背后全力支持。日本经济产业省和日本的主要银行还帮助日本的电子公司启动了跟踪美国专利申请的计划，通过预测这些专利的发展，以期在技术上寻求突破。1978年，曾有4万名日本公民到美国进行了技术访问。加州理工学院计算机科学教授卡韦·米

德(Carve Mead)说:"1个(日本)人只需付出1年的工作努力就可以得到全部技术。"

在多年的积累之后,日本终于在1984年占有了当时芯片业务47%的DRAM存储器市场。不仅如此,由于日本生产的存储器"产能过剩"以及日本政府"两级定价",使得拿了补贴的日本企业能够以不盈利的低价(制造成本的一半)将芯片销往美国。日本芯片吞噬全球市场份额只是早晚的事。1987年,日本半导体公司的市场份额达到了85%,全球半导体市场一半的生意都被日本抢走了。

日本之所以能够在这段时间"得逞",都是因为他们将良率作为了核心优势。要知道良率是和成本成反比的,如果良率提高10%,就可以为公司提供新一代产品的研发费用,从而形成技术开发的良性循环。

代工厂如何让客户满意

在台积电总部的墙上有这样一句话:"使命:作为全球逻辑集成电路产业中,长期且值得信赖的技术及产能提供者。"这里面的"长期""值得信赖""技术""产能"和"提供者",蕴涵着很深的市场营销理念和企业成功之道。

台积电的市值之所以能够达到5 500亿美元,营收比其后4名加起来还要多,主要靠以下四点:

(1)较高的良率:相对同期其他竞争对手,其同类产品具有较高的良率;

（2）产能高：全球一半以上的数字芯片和9成以上的高端数字芯片都出自台积电；

（3）相对准时的交货期：虽然近两年芯片供不应求造成普遍的出货时间长，但相对于其他代工厂来说，台积电的交货时间是比较准时的；

（4）良好的服务态度：通过积极的售后沟通，台积电对产品的可靠性能够及时地得到正反馈，从而形成芯片制造的良性闭环。

以上这四点环环相扣，互为因果。

除此之外，台积电还有一个"制胜法宝"，就是他们基于产业研究的芯片产品营销。台积电庞大的市场部有几百人，他们不仅做传统的产品营销业务，还会对芯片技术和产品动向进行专业的调研、分析和预测，并把这些信息推送给自己的顾客，让他们意识到三五年后怎么做会更好，同时提出配套的工艺方案。这种喂到嘴边的感觉对于大客户来说往往是难以说不的。

用张忠谋自己的话说就是：台积电成功地执行这一战略有两个要素，一是与客户建立良好的关系，而良好关系的基准是能否给予客户"优先看价权"和"最终看价权"（first and last look，即优先进行谈判协商和具有最后一次谈判协商的权利，需要与客户保持良好关系才可拥有）；二是我们可以用一次性的"缓冲"交易灵活定价，但为了对其他客户忠诚，当一次性的"缓冲"交易提供给一个客户时，应该向他在同一领域的直接竞争对手提供类似的交易，从而赢得所有客户的信任。

在这方面最好的例子就是与英伟达（NVIDIA）的合作。英伟达创办于1993年。1995年黄仁勋在计划为显卡流片之初，给斯坦福的老校友、时任台积电董事长的张忠谋写了一封信。令他没想到的是，张忠谋竟然主动打电话给他。这通电话不仅促成了两人20多年的交情，更开启了两家芯片公司长期合作的篇章。从1997年开始，英伟达推出的每一代产品大部分都是由台积电代工的。2018年，黄仁勋在参加张忠谋家宴时对这位如父如兄的长者道出了心中一直以来的感谢：

Morris,

你的职涯是一幅杰出的作品，有如贝多芬的第九号交响曲。你对晶圆代工的远见、双赢的长期伙伴哲学，以及"跳火圈"般的卓越执行力，如此的领导精神让台积电成为所有客户都能依赖的基石。你用一生心血成就了今日的台积电，它是一个卓越、极具重要性的企业，广受产业、伙伴及竞争者所景仰……我珍惜我俩之间美好的回忆，那些不可思议的旅程以及偶尔的威士忌谈心，与你共事是我职涯中最棒的回忆之一。

你的伙伴及挚友，

Jensen

台积电的这种特殊的"技术支持"，将自己和客户的未来绑定在了一起，从而获得了更多的"忠诚度"。台积电的使命就是把产品良率提高到极致,并在此优势下把客户的满意度作为营销的重要目的,这是所有立志成为行业领跑企业的经营之道。综上所述,良率是一座桥,它一头连接着技术的成熟程度,一头连接着企业的利润,其中就包括企业经营活动的"现金流"。

英伟达简史

英伟达于1993年由黄仁勋团队创办,1995年以显卡为主打产品。2003年,黄仁勋力排众议,将主要产品调整为在计算机屏幕上绘图的芯片,即图形处理器(GPU)。截至2011年,台积电已经为英伟达代工了10亿颗GPU芯片。

然而"花无百日红",图形处理芯片更新周期短、竞争激烈,市场主要集中在细分的游戏机和矿机领域。这些年来,该类芯片老大的位置由英伟达、AMD和S3 Graphics等公司轮番坐庄。说白了无论是谁,即使赢得了胜利,也只是暂时的"一代拳王",很快就会有后浪把前浪拍在沙滩上。红极一时的S3 Graphics几经沉浮最后落得了被HTC收购重组的结局。

因此,从2016年开始,黄仁勋将公司业务扩展到AI领域,在之后的日子里,作为公司副总裁的布林·卡坦扎罗(Bryn Catanzaro)领导的40人团队开发了可在英伟达自己系统中运行的人工智能,他们的实验室充当了系统构架师的"玻璃容器",可以窥视深度学习模型在未来的工作方式。

> 2020年7月8日美股收盘后，英伟达首次超越英特尔，成为美国市值最高的芯片厂商。2021年，《时代》杂志将黄仁勋列入年度最具影响力人物榜单第7名。黄仁勋自己也承认，没有台积电就没有今天的英伟达。

4. 现金流管理

什么是现金流

如果把公司比喻成一个人的话，那现金流就是这个人的血液。所谓现金流就是公司一定会计期间现金或者现金等价物的流入和流出。其中，现金等价物指的是企业持有的期限短、流动性强、易于转换为已知金额现金、价值变动风险很小的投资。而记录这种现金流流入和流出的报表就是现金流量表（cash flow statement）。

现金流量表就像家里的记账本一样，月底发工资了属于现金的流入，而个人所得税、买菜钱和房贷月供都属于现金的流出。现金流量表与损益表和资产负债表构成公司财务报表中的重要组成部分。对公司来说，现金流量表不仅能够像资产负债表一样让决策者了解本单位净资产或者净现金流的多少，更重要的是可以清楚地了解现金流的比例和流向，从而知道公司到底是怎么盈利的。对于投资者来说，与其他报表相比，现金流量表由于有银行流水的证明，因而最能反映公司真实的运营情况。现金流入流出的数量和速度也是投资人衡量公司财务健康情况的重要指标。

现金流的来源

在财务报表的现金流量表中有 3 种现金流，它们分别来源于企业的融资活动、投资活动和经营活动。具体对应的资金流入和流出如表 4-5 所示。

表 4-5 现金流的分类

	经营活动	投资活动		融资活动	
		对内投资	对外投资	债务融资	股权融资
流入	销售、税收	处置收益	处置收益	融入资金	融入资金
流出	采购、人工、税收	购建	投入	还本付息	分红

融资活动

现在大家对融资活动都比较清楚，无论是创立之初的天使投资，还是之后的 ABCDE 等多轮投资，都是对公司不同阶段资金的注入。作为公司的老板不仅要操心公司内部的事情，而且对外的一项重要任务就是想办法引入投资。当然，我们这里对融资的定义除了上述的股权融资之外，还包括从银行贷款这种债务融资的行为。

融资虽然意味着"财源滚滚"的流入，同时也伴随着一定的流出。股东的分红和银行的还本付息流出的可都是真金白银。但必须承认，融资活动产生的现金流对于很多公司无疑是非常重要的，三星之所以能够在多次竞争中起死回生，都是靠银行和股东们的鼎力相助。

此外，还有一种特殊的融资行为那就是融资性租赁。租赁分为时间短、金额少的短期租赁和时间长、金额大的长期租赁。前者属于经营性行为，后者由于等价于一种分期付款，因此被称为融资性租赁。

投资活动

投资活动往往指的是除了主营业务之外，公司还用余钱进行一些投资行为。比如，苹果就投资了很多跟手机芯片相关的公司，从而保证自己芯片的供货来源和议价能力。除此之外，还有一些半导体公司会"破圈"投资类似于房地产和娱乐影视等中短期能带来收益的项目。正所谓不把鸡蛋都放到一个篮子里，额外的投资可以平衡公司主业不盈利时的收支。

苹果的行为属于对外投资。而买房子的行为属于对内投资，房子成了公司的固定资产。当然，无论哪种都属于现金的流出。那现金的流入呢？

当公司缺钱，借不到钱、又融不到资时，变卖自己的资产（比如房产）来渡过难关就属于投资行为的现金流入。此外，当公司入股其他公司后作为股东的分红（投资收益）也属于一种现金的流入。但是这种投资行为需要警惕的是，副业很容易就会被短视的股东当成主业。

曾经兴盛一时的日本半导体之所以在存储器上败下阵来，

其中一个原因就是被三星挖走了很多人才。有的读者可能会问，日本半导制造业的人才流动率当时不是很低吗？以厂为家和终身职位曾经让很多日企职工愿意一辈子为公司奉献。然而，当公司上层"杀鸡取卵"，仅仅注重短期的房地产等投资行为带来的"虚胖"，认为与其苦干10年不如投机一次带来的收益多时，中下层锐意进取、提高技术的呼声就会被埋没。也就是说，不再重视公司实体经济发展的半导体企业领导让技术人员心寒了，创业之初积攒的"人心"已经被后继者透支殆尽。

事实上，从现金流的角度看，买的房子无论与现在的市场价产生了什么样的差价，在没有卖出去之前，其对现金流的贡献都是零。这就像某家人买了一套自住房一样，虽然房价水涨船高，看似固定资产翻了好几倍，但只要在没有把房子租出去或者卖出去变现之前，对于这家人的经济状况来说是没有任何改善的。投资活动的现金流只有通过交易才能实现其真正价值。

经营活动

与上面两种现金流相比，经营活动中的现金流往往是投资人关心的重中之重，它是公司硬实力的有效证明。经营活动中的现金流可以是英特尔卖出了芯片后对方的付款，也可以是台积电提供了代工服务后获得的不同时期的资金到账。无论哪种对于半导体公司来说都是靠着主业赚来的钱。

以上对于公司来说属于现金的流入，而给员工开工资、购买原材料以及缴费等行为则属于经营活动中现金的流出。

当然，像集成电路产业在国内很多高新区都会获得一定程度上的减税和退税，这部分钱就属于现金的流入。一家公司，无论现金流流入总量看起来多好看，但如果主要贡献都是来源于当年的融资和投资行为的话，并不能说明这个公司的发展就很好。

举例来说，2021年某集成电路公司经营活动现金"流入"达到1亿元，投资和融资活动分别耗费3 000万元和4 000万元，因此其净现金流为3 000万元；而另一家公司的经营活动现金"流出"达到3 000万元，投资活动现金流耗费2 000万元，但却获得了8 000万元的融资性现金流入，因此其净现金流也为3 000万元。这两家公司的净现金流都是一样的，然而从不同的经济活动具体来看，第一家公司运转良好，可以自给自足；而第二家公司却经营不善，仅靠举债度日。

当然，除非第二家公司是集成电路的初创公司，或像三星一样处于逆周期投资的特殊时期，在加大力度研发和购买制造设备（经营活动的现金流出）的同时，有强大的政府和银行贷款（融资性现金流入）作为后盾为其保驾护航，才有可能在未来逆风翻盘。否则是很容易陷入债务危机濒临破产的。事实上，三星当年就险遭淘汰（详见本章第6节）。

现金流量表的背后

对于集成电路这种"刚开始烧钱，成功后数钱"的领域，经营活动的现金流要比净现金流更能说明企业的发展状况。

当然，关于经营活动现金流的具体分配还是要具体问题具体分析。困难之际卖掉两栋楼的确可以让总体账面看起来很漂亮，但重点是卖楼换回来的钱是大部分投入到了下一代产品的研发中，还是用在了其他用途。

虽然把这部分钱暂时存起来，现金流量表看似更好看，但是如果研发资金无法持续供给，以技术为导向的公司就可能在未来的竞争中败下阵来。英特尔当年DRAM损失惨重，不得不丢卒保车，几乎裁掉了整个DRAM部门，让很多优秀的员工承担了公司的损失。但作为高层，格鲁夫当年也只有这样才能控制住现金流的流出，实现向微处理器的战略转移。但哪怕是在最困难的时候，英特尔的研发投入与之前相比都丝毫未减。

经营活动的现金流一入（减少开支）一出（保证研发），在外人看来相互抵消，但只有决策者才知道其中饱含着多少关键时刻的痛苦抉择。此外，关键的问题还在于这些资本开支是否都要这样长期维持。

在这一点上，不同的投资人有不同的观点。巴菲特就因为这点而对集成电路和高科技产业敬而远之。在他看来，长期较大额度的资本开支（超过20%）会迫使公司不断地向银行贷款或向公众发行新的债券，这会使公司的负债增加，进一步加大偿还利息的难度。这话确实有一定道理。但其他投资人却从集成电路产业"高投入高回报率"的角度考虑，相信某公司虽然长期存在较大的资本开支，但其成为龙头企业的能力值得继续加注。

以英特尔为例,图 4-6 为英特尔 2004—2020 年的研发投入情况。从中可以看出,除了 2007—2009 年以及 2019 年的研发投入有所减少以外,其他年度都呈现增加的趋势。其中增长最迅速的是 2010—2012 年,最高年增幅接近 27%,而这段时间正是英特尔的酷睿处理器碾压 AMD 从而打了一个漂亮的翻身仗的时候。但在 2012—2020 年,英特尔的研发投入增幅则不超过 5%。

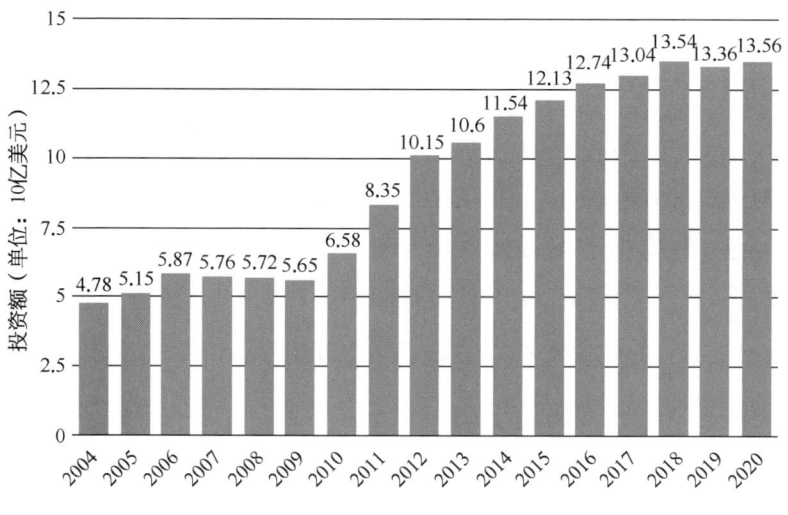

图 4-6 英特尔 2004—2020 年的研发投入

以上是纵向比较,从横向比较上看,2020 年英特尔的研发投入仍然占到了其全年收入的 17.4%(净利润的 64.9%)。特别是 2021 年,与 2020 年相比,研发投入竟有着 10% 的增幅。这与雄心勃勃的 CEO 帕特·基辛格期望于 2025 年恢复英特尔制程领先地位的技术路线是密不可分的。

有理由相信，如果英特尔继续保持这样的研发投入，那么摘掉"牙膏厂"的帽子是指日可待的。因此，投资人不能只看数字本身，经营活动现金流背后的故事才能真正反映一家公司的现状与未来。而这些现金流到底该如何分配，是放到技术研发中以期更好的拳头产品，还是放到制造环节提高良率，还是放到现有产品的营销中最大化现有产品或服务的利润率？其实这是一个需要综合考量的问题。

5. 制造、技术和营销一体化

早在1988年以前，AMD的创始人桑德斯就曾有一句名言："Real men have fabs."翻译成中文就是："真男人是有晶圆厂的。"这是典型的属于那个时代的IDM情节。

1997年，台积电的张忠谋与桑德斯老友相聚时，桑德斯已部分收回了他当年的"豪言壮语"，但仍认为像处理器和DRAM这样的产品仍然需要自己建厂，原因在于像处理器这样的产品，设计部门和制造部门要密切合作，因此二者必须同属一家公司才能实现这个目的。而张忠谋则认为，DRAM确实需要自建晶圆厂，但处理器却完全可以靠代工来完成。二人各执一词，谁都不能说服谁。但就像张忠谋最后说的："我相信历史站在我这边。"

时间来到2018年，AMD的全线产品都转交给了台积电来制造。事实说明，台积电用自己的一体化思想使得AMD都不得不承认其优质的全方位服务。规模化后的台积电生产

芯事 The big bang of the chip

成本相对 AMD 自产自销后的成本来说只减不增。

虚拟晶圆厂

AMD 之所以连"真男人都不做了",不仅在于制造成本问题,而且在于台积电提供了比 AMD 自己的制造厂(AMD 拆分出的 Global Foundries)还要像内部制造厂的服务。用现在比较流行的话来说,台积电早在 2000 年就达到了所谓智能制造 4.0 的极致。而这背后要归功于 1996 年台积电提出的虚拟晶圆厂(virtual fab)的概念,即通过 eFoundry 的形式让客户体验"家一般的感觉"。我们将通过以下 3 个方面来体验其效果。

高度网络化

通过一系列的 IT 工具,台积电的用户对自己的产品在制造过程中的进度了如指掌。某种程度上,就像查快递物流时的感觉,货物什么时候运到哪里,以及何时交货都可以实时掌握。只不过,台积电的精细程度要比普通物流高出好几个数量级。工艺的每个步骤,甚至连某片晶圆片在哪个真空腔(chamber)中进行了腐蚀都有证可查,而且用户是可以通过网络实时关注到以上数据的。这就像专门雇了菜农圈了一块地用来种自己想吃的蔬菜,通过摄像头实时了解蔬菜的生长情况一样。

专业定制

当然,如果只是给予了客户上帝视角的话,很多代工厂都可以实现。台积电的另外一个优势在于不仅让客户当观众,还让他们当"导演",那就是全程可控的专业定制。

台积电专门为客户准备多条产线来生产对应的芯片。当客户的产品还在工艺试验阶段的时候是可以随时叫停的。客户有权在不同的制程(如 45 nm、28 nm 和 10 nm)中进行试制,也有权更改同一个制程中不同的工艺步骤和参数,直到确定芯片的最终制造工艺。

当工艺出现问题产生废片时,台积电会及时通知客户并主动补充新的晶圆片来保证进度。此外,出货时间也是可以根据客户的需求进行弹性调整的。但一旦最终交货期确定后,台积电会精确地控制好制造过程中的各个环节从而保证"如期交货"。既不提前也不延后,而是"刚刚好"。

以上这些估计很多 IDM 公司自己的制造厂也不见得都能做到。你不知道为了让你按时"吃"上心仪的"饭菜",台积电这位"厨师"在背后付出了多少"辛苦"。

数字化孪生

当用户发现自己的芯片存在设计问题时,某些代工厂会说:"这不是我们乙方的问题。"从而会跟客户陷入不断的责任纷争之中。然而,台积电却会为客户提供每一个制造过程中的记录和测试结果。这就仿佛一个虚拟的芯片制造过程被长期精准地保存下来。有效的痕迹管理可以让用户分析和发现设计中存在的很多问题。

除此之外，台积电还为客户提供第三方的设计服务联盟。无论是设计咨询、各家知识产权、工艺库、EDA公司还是封装测试，这些联盟公司都是经过台积电标准参考流程验证过的，也就是说，它们都是与台积电的工艺高度兼容的，从而既保证了品质，又节省了客户自己配置产业链条的成本。

超前的战略性指导

用张忠谋自己的话说：我们怎么利用高良率赚钱，其中最重要的策略包括以下两项。

第一项策略是满足客户需求。台积电列出了客户需要的11项价值，比如提供能帮助客户竞争的技术，价格低廉、定案到量产的时间短、保护客户的智财权，提供帮助客户竞争的设计服务等。台积电的策略，就是在除了价格低廉这一项之外，全都要明显优于对手。其定价的策略就是要赚到高价位，但又不会失去客户。要成功达到这个策略，就要拥有绝佳的客户关系，而衡量此关系的基准为客户是否对台积电看"第一眼及最后一眼（first and last look）"，即客户是否拥有"最优先看价权"和"最终看价权"。

第二项策略是让台积电成为以市场和服务为导向的企业。在台积电的组织文化中，每位员工都应该是公司的业务人员，把为客户服务视为机会。此外，台积电必须建立世界级的行销企划部门，这个部门不但有能力跟研发组织确定技术蓝图，而且还有能力开发新客户，推荐可以上市的新服务，针对不同应用产品、领域、地域和客户，拟定不同的行销策略。

至于用什么指标衡量策略是否成功，张忠谋在1998年时提出的三项理想量化成果是：第一，维持大于20%的股东权益报酬率；第二，成为全世界最大的集成电路制造公司，营收领先第二大竞争对手至少1倍；第三，在2010年之前，营收达100亿美元。事后证明，台积电的策略执行得十分成功，成果超出预期。

制造、技术、营销这三个方面在如今竞争激烈的半导体赛道中，能做好一个都是很不容易的，更不用说把这三者作为一个整体互相兼顾，统筹规划。而这也是台积电的强大之处。人们往往觉得一家公司只要技术过硬自然"是金子就会发光"，然而真正和台积电打交道的公司都知道，之所以继续与台积电合作，除了其代工技术之外，其他厂家难以企及的"高附加值"服务也是一个必不可少的原因。而这背后的秘籍正是台积电宏大的一体化策略思维。当然，一个企业成功的重要策略肯定不止一个，促成台积电屹立不倒的招数还有一个，那就是像三星一样的逆周期投资。

6. 芯片产业周期的应变策略

逆周期投资的三大战役

在《芯事：一本书读懂芯片产业》一书中我们提到过三

星的逆周期投资，但为什么现在中国的很多公司没有采取这种策略呢？到底什么样的半导体公司适合逆周期投资呢？

集成电路公司在发展过程中，受到各种中长短经济周期的共同影响。目前公认的除了宏观经济的影响外，还有为期10年的产品开发长周期、投资和产能主导的中周期，以及库存主导（订单预期与实际情况相左）的短周期影响。

如图4-7所示，2016年之前，三星的逆周期投资主要对应3个阶段：第一阶段是1983—1986年，第二阶段是1995—1998年，第三阶段是2005—2008年。

第一阶段：日美夹缝中求生存

第一阶段对应的半导体营收下滑主要是受到存储器销售额的影响，具体的原因和过程我们在本章第3节中已经叙述过。这里重点谈一下三星是如何入局并成功逆袭的。

1983年，日本在DRAM上大获成功，让三星为首的韩国企业看到了"学习榜样"。三星经过与美国多家公司商谈，终于从美光手中获得了DRAM的技术授权并逐渐掌握了生产技术。然而，在1984年三星刚刚推出64 K的DRAM之后，就迎来了价格的迅速下滑，DRAM的价格从1984年初的4美元/片一路下滑到1985年的30美分/片，远远低于此时三星的生产成本（1.3美元/片）。

如果你是三星，是否会像英特尔一样壮士断腕及时止损呢？事实上，三星不仅没有踩刹车，而是继续轰起了油门，在研发和产能上双管齐下，誓与日本企业死磕到底。当然，

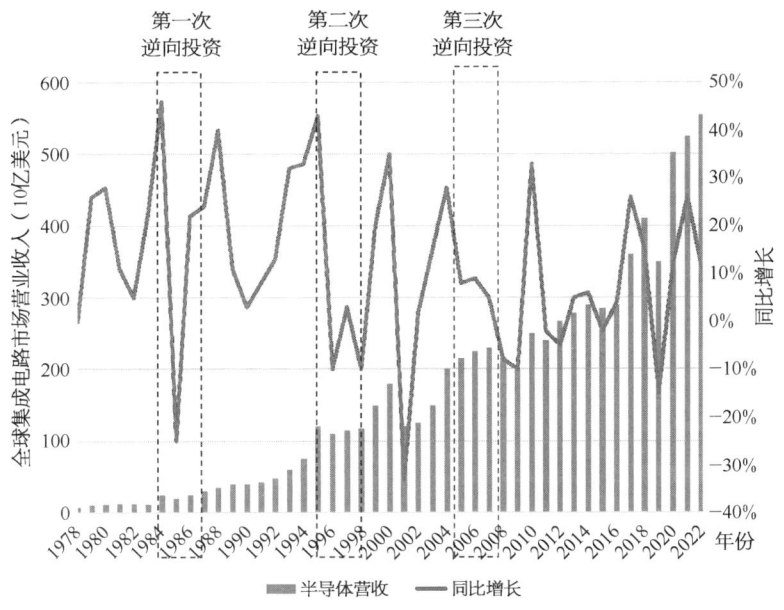

图 4-7 全球半导体销售额及增速

其代价就是 1986 年底，三星累积亏损 3 亿美元，股权资本基本已经见底。但这时三星看到了机会，那就是《日美半导体协议》的签订，这意味着存储器的价格将逐渐回升，盈利的曙光终将到来。

然而，三星的这场"豪赌"只能算是实现了"入局目的"，日本企业和政府虽然遭到了美国的打压，但是它们仍然试图通过其他途径在全世界范围内挽回损失。

事实上，日本企业才是第一阶段逆周期投资中的胜者。1984 年，日本企业顶着亏损的压力，将大部分盈利投入研发。1986 年，日本 NEC 开发出世界第一块 4M DRAM。高额的研发投入换来了比美国企业更大的全球半导体市场份额

（40%）和 DRAM 市场份额（接近 80%）。

虽然美国企业亡羊补牢，追加研发，但为时已晚。占得先机的日本企业在销售量上超过美国，按照 DRAM 产业的学习曲线，随着销售量的加倍，成本将降低 3 成。

日本企业靠着"物美价廉"的优势在增长的 DRAM 市场中不断啃食竞争对手的地盘。1988 年，在全球 20 大半导体厂商中，日本占据了 11 家，NEC、东芝、日立包揽了前三名。放眼全球，与日本企业同处 DRAM 赛道的公司已经所剩不多，韩国三星算是一个。而就在这段时间里，三星也完成了新老交替，1987 年 11 月 19 日，三星创始人李秉喆因肺癌去世，45 岁的李健熙成为第二代掌门人。

第二阶段：技术上的反超

经济学中的纳什均衡告诉我们，在同类产品竞争充分的市场，只有排名前三的公司才能生存下去。通俗地讲，就是"不进则退""赢家通吃"。因此，日韩企业之间必然迎来新一轮的 DRAM 之争。

时间来到 1995 年，这次三星在 DRAM 和液晶面板行业再次进行了逆周期投资。不出所料，液晶面板连续亏损 9 年之久。再加上宏观经济不景气，1997 年金融危机席卷整个亚洲，韩元贬值一半以上，进口生产设备要多花一倍以上的钱。三星当时已经濒于破产。

但与此同时，三星的老对手——日本的半导体"国家队"尔必达公司，不仅承受着更大的压力，还有《日美半导体协议》这把宝剑时刻悬于头上，令其难以施展拳脚。美国公司也承受着巨大的损失，德州仪器和IBM分别于1998年和1999年退出DRAM市场。

而反观韩国，却获利于美国的双重标准，拥有着"野蛮生长"的机会。三星不仅保住了8英寸的DRAM生产线，而且更下血本从日本挖来了大批掌握第一手资料的优秀的生产线工作、管理和设计人员。这一阶段，面对日本企业，以三星为首的韩国企业在DRAM和液晶面板领域实现了技术和产能的赶超。

第三阶段：称霸市场

2008年金融危机再次席卷全球，受到宏观经济和半导体周期的双重影响，DRAM的价格从2.25美元跌至0.31美元。以三星为首的韩国半导体企业，在第三阶段的逆周期投资中把资金都投入到DRAM的研发和扩产上，将价格战一打到底，DRAM的价格已经比材料成本还低。

这套"七伤拳"在接下来的几年里几乎把所有欧美和日本的竞争对手都扫地出局。市场占有率排名第5的欧洲存储之光奇梦达和排名第3的日本尔必达公司，分别于2009年和2012年宣布破产。正可谓"三十年河东，三十年河西"，1987年几乎独步全球存储器市场的日本企业，经过25年的时间被以三星为首的韩国企业以3次逆周期投资挤出了赛道，韩国半导体成功占据了DRAM市场75%的份额。

逆周期投资的关键因素

为什么三星的逆周期投资屡试不爽,每次它都能坚持到最后呢?除了当家人力排众议以极大的坚忍带着大家破釜沉舟以外,给力的外援也是不可或缺的。

在每一次三星快撑不下去的时候,都有美国和韩国政府雪中送炭。在技术起步阶段,三星就接受了美国大量的技术扶持和 20 亿美元的资金援助。而 60 亿美元的韩国政府贷款和 87 亿美元的税收减免,也是三星能够在第 2 和第 3 次逆周期投资中"起死回生"的重要支撑。

韩国政府之所以对三星等企业"不离不弃",除了国家鼓励半导体产业之外,更重要的一个原因在于三星的财务结构中股东仅占 20%,而另外的 80% 靠的是贷款。这意味着,三星的股东只用很少的出资就可以迅速获得很大的扩张。但其高利率也同样意味着如果遇上零利润或者负盈利的时候,其"资本燃烧"的速度也将是其他公司的几十倍,很有可能在几年内就燃烧殆尽。因此,一旦三星和现代等企业还不上利息,它们就会让政府给银行施压,继续给本公司借钱输血渡过难关,甚至不惜动用国家外汇和国民储蓄。

说白了,政府和企业已经形成了休戚相关的关系,三星等企业通过这种方式将国运与自己绑定在了一起。"大而不倒"用来形容当时的三星是再适合不过了。不过这种赌博的行为也意味着一旦家底用光,整个国家都会陷入泡沫经济之中,其代价将不可想象。

逆周期投资与其说比的是企业实力，不如说比的是背后金主的财力。这方面反面的教材就是德国企业奇梦达。它被大股东英飞凌当成棋子，连 3.25 亿欧元（折合 4.22 亿美元）的资金支持都无法从德国政府那里得到。在成立短短 3 年的时间里，虽然当时有技术，有产线，但没有金主的及时"补血"，最后也只能落得被其他公司"抄底"、技术被多次转手倒卖的结局。

人才上的逆周期投资

讲到这里，要强调一下三星的另外一项"逆"向投资——人才投资。在 20 世纪六七十年代的韩国，政府、银行和国企的工作是大学生们最青睐的铁饭碗。作为私人企业，一代三星为了拉拢本国人才，采用高薪和"定向培养"的方式吸引和储备了大量本国优秀大学毕业生。

1983 年，为了进军半导体领域，笼络国外人才，三星更是花大价钱聘请了大量日本的"周末工程师"。周六，这些经验丰富的专家被三星由日本接到首尔，周日在三星工作一天来解决重要的技术问题，晚上再飞回日本。虽然旅途奔波，比较辛苦，但丰厚的待遇吸引了越来越多的日本专家成为周末工程师。

此外，为了学习世界各个地区的先进技术，1994 年，三星的"区域专家制"更是以每人每年 5 万美元的费用，将重点人才派往各地脱产学习一年半左右的时间。这些成千上万的"本地通"令三星可以随时了解到业内的最新动向和技术发展情况。

当产业处于低迷期、很多公司裁员时，三星做的第一件事就是"抢人"，通过各种途径将物色已久的顶级专家招入帐下。为了挖走美国硅谷的工程师，三星给出的薪酬竟然是本公司总经理的3～5倍。

在面临技术追赶和突破时，人才比所谓关键的技术和设备更加重要。有了能动性最高的人，其他东西都可以在后期解决。而一旦失去了人才，就等于将竞争优势拱手让给对手。当年三星电子总裁被挖到现代汽车，二代目李健熙竟然闹到了韩国总统那里，直到把人又抢了回来。"求贤若渴"用在三星的人才逆周期投资上再适合不过了。

在此，回到本小节开始的问题：为什么现在中国的很多公司没有采取逆周期投资策略？到底什么样的半导体公司适合逆周期投资呢？

事实上，在经济不景气的时候，国内的投资人不是不想投，也不是不敢投，而是口袋里没钱。在DRAM这条赛道，垄断已经形成，已经出现了强者恒强的局面。后入局者，虽然能凭着技术在产品的价格"回暖期"实现盈利，但除非有国家级资金的保驾护航，否则是很难在半导体的低迷期和价格战中撑到最后，更谈不上持续的技术创新和投入以保持竞争优势了。

因此，像DRAM这类芯片的逆周期投资的本质就是用时间说话的一场资本豪赌，企业和背后的金主要么撑到最后赢家通吃，要么倾家荡产血本无归。

台积电的逆周期投资

难道逆周期投资就只有像三星这样"有人撑腰"的公司才能尝试吗?事实上,很多其他赛道的公司往往采取的是比较"温和"的逆周期投资行为,即仍然在营收低迷的时候保证科研经费,但不会和同赛道的竞争者血拼价格战,而是靠着价值导向的订单来实现未来的高利润率。

以台积电为例,与三星针对DRAM不同,台积电主要靠B2B的代工服务盈利。而工艺研发就是代工厂的看家本领。如图4-8所示,2000—2001年,全球的半导体市场存在着一个较大的低迷期,营业额减少了30%。受其影响,如图4-8所示,台积电也在此期间经历了营业额的大幅下降。然而几乎就在同一年里,台积电就高薪聘请了美国加州大学伯克利分校的华裔科学家胡正明教授作为CTO来开发新的工艺。

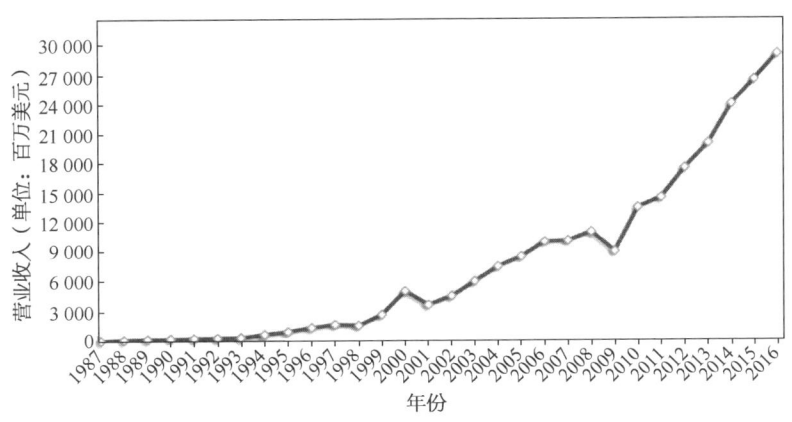

图4-8　台积电1987—2016年的营收情况

胡教授是晶体管和 EDA 方面的顶级专家，他的团队应美国 DARPA 的要求在 1998—2000 年开发出了新型晶体管 FinFET 工艺（如图 4-9 所示），该项诺奖级的发明使得摩尔定律延续了 20 年。胡教授担任 CTO 的时间是 2001—2004 年，这意味着新发明刚刚出来，台积电就迫不及待地想把它转化成生产力。后来证明，台积电这次在新技术上的宝算是

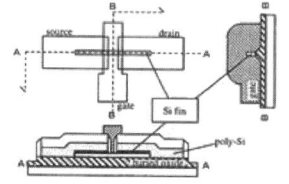

图 4-9　胡正明教授团队关于 FinFET 的早期论文

押对了，为其日后在处理器工艺上赶超英特尔和三星埋下了伏笔。

台积电的另一次逆周期投资和三星的第3次投资处于同一时段。张忠谋在2007年底就领先同行预见到次贷危机的爆发，并于2008年1月开始主动降低资本支出。通过员工放无薪假到主管出差时飞机座位等级下降等一系列操作开源节流了8亿美元。

然而，就在支出这么吃紧的时刻，研发资金却始终未减，就像张忠谋所说：那是我们的命脉。2008年，台积电在先进工艺推进上取得了优异的成绩，65 nm工艺的占比从2008年初的10%提升到了年底的27%，在逻辑器件代工方面占比更是达到了80%。台积电成为全球首个宣布28 nm工艺为全工艺节点的代工厂。

2009年，台积电实现了40 nm量产和28 nm工艺的开发，并且开始在20 nm工艺上部署研发，以确保代工上的领先优势。随着2009年第3季度全球经济的逐渐复苏，隐忍了2年的台积电终于在2010年爆发了，台积电所有晶圆代工厂满负荷运转，实现了14%的产能提升。其中，之前开发的40 nm工艺实现全面量产，营收占比达到了17%。如图4-8所示，台积电的营业利润率从2009年的31.1%提升到了38.5%，创历史新高，并从此开启了"开挂"模式。

如果没有2008年的预判和卧薪尝胆，就没有2010年之后台积电的"触底反弹"。从长远来看，如果没有2001年的技术布局，台积电就不可能在2014年从三星手中抢走苹果

iPhone 6s A9 处理器一半的订单，也不会在 2016 年之后成为苹果处理器芯片的独家供应商。

事实上，我们前四章所讨论的大部分内容都是为了接下来的一章进行铺垫，如果您细品的话就会发现，我们一直在过来人的成功与失败的经验的借鉴中尝试寻找中国集成电路产业的发展之路。

第五章

中国集成电路产业发展之路

中国在未来发展当中应该坚持开放合作,坚持广泛的国际合作,这是一个非常重要的路径。

——中国半导体协会副理事长 魏少军

中国芯的"差距"在哪里?差距到底有多大?如何立足现状缩小差距?这是拷问中国集成电路全产业链的问题。

一提到中国集成电路的发展,便会出现"核心技术"这个关键词。好像整个中国集成电路产业链中,只有个别地方存在瓶颈问题,只需一个高手来打通任督二脉即可立竿见影,药到病除。仿佛只要中芯国际 7 nm 芯片能够实现量产,华为手机就可以在美国市场大卖特卖。

然而,真实的情况却是,放眼中国集成电路的产业链,每个环节上都存在着被牵制的风险。与牵制相比,专业人士更倾向于用"差距"一词来描述现状。

很多专家都会比较官方地说：中国集成电路近几年已经取得了长足的进展，但与国外相比仍然有一定差距。其实，重点在后半句，差距有多大？差距是在拉大还是在缩小？这是一个动态的问题，如果差距在缩小，并且短时间内可以追平甚至反超，那这就不是被牵制的问题。但如果差距不仅没有缩小，反而越拉越大，那其重要性和解决的优先级将会不断上升。

差距是个相对结果。虽然你进步了，但对手发展的速度比你还快，虽然跟过去的自己比是更好了，但与竞争对手的差距却拉大了。此外，差距对落后者最大的影响不仅在于差距本身，还有不利的被动地位。更小尺寸制程创新吹响的冲锋号让我们意识到了 EDA 软件、工艺设备和制程的重要性，但如果明天如光刻胶这样的关键材料也发生短缺，难道我们那时再大声疾呼"基础科学"的重要性吗？

也许有人会说，不是还有"弯道超车"和"学习曲线"一说吗？但问题在于，这两种可能性的前提是你具有超车的弯道和学习的对象。领先者凭什么将自己的看家本领拱手相让？凭什么眼睁睁地看着你拿着他苦心研究出来的知识产权后来居上？凭什么告诉你他踩过的坑和吃过的亏？因此，那种"等着摩尔定律接近极限时再一劳永逸地复制到中国"的想法还是过于天真了。

差距的拉大只会意味着有更多的壁垒挡在眼前，这不是仅靠砸钱和挖人就能立刻解决的。如果真的这样做，也只会落得疲于跟随而对如何领先的问题无暇思考的境地。因为领先意味着前方不再有人，意味着高处不胜寒，意味着要具备独立解决问题并敢于为尝试买单的勇气。

1. 加速完善成熟技术节点

什么是 IC 生态链

所谓"IC 生态链"，本书具体指的是集成电路制造产业链，包括 IC 设计、制造和封测（包含 PCB 板级系统应用）3 个部分。

还记得第一章中的威尔达尔吗？以他的代表作运算放大器 μA702（如图 5-1）为例，电路的设计、理论计算和版图的绘制主要由天才的威尔达尔本人完成，具体的工艺制造由他最信任的塔尔伯特负责，而测试则是由塔尔伯特的妻子、

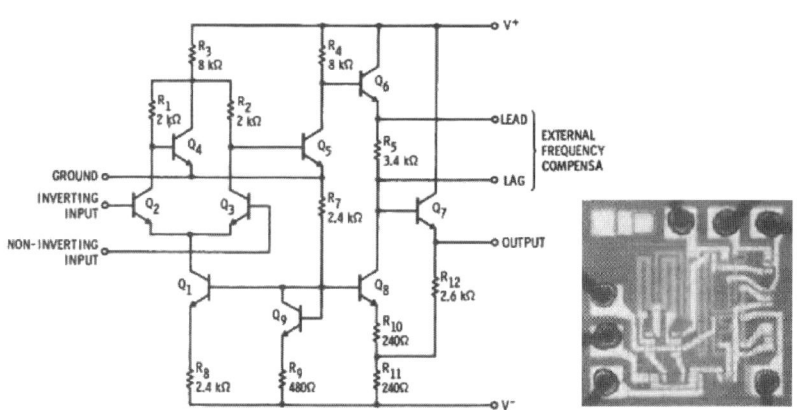

图 5-1　运算放大器 μA702 的电路图和芯片图

熟悉仪器的多洛雷丝（Dolores）完成。当然，其间还有一些可行性论证的实验由威尔达尔的得力干将米内奥·亚马塔克（Mineo Yamatake）来做。这几个人构成了当时仙童模拟电路制造的"梦之队"，时至今日，其设计出的 μA741 的通用性结构可谓是"一直被模仿，从未被超越"。

威尔达尔不仅负责设计，还主动担任监工的角色，他对每个人的工作都给予"高度关注"。就像动画电影的导演根据分镜表画出来的设计图一样，威尔达尔已经对整个芯片制造流程烂熟于心。在让亚马塔克做实验时，威尔达尔甚至会提前告知对方预期的实验结果。正是有这样的灵魂人物，这个"迷你集成电路产业链"才能够设计出被摩托罗拉和德州仪器争相效仿的一系列产品。

全球的 IC 生态链

在 1964 年左右，电路工艺水平与现在高大上的上千平方米的净化间相比，更像是作坊式制造。之所以能够做出芯片，是因为当时电路中晶体管数量相对较少，理论计算和版图绘制基本靠手算和手绘就能完成，而仿真更是靠单个器件和面包板来实现的。此外，新产品的良率要求也不是很高。

但是近 60 年后的今天，对电路的要求越来越高，高频、高精度、高信噪比、低功耗和低电压成为新标准，各种滤波、补偿和降噪电路随之添加，工艺也从几十微米变成了几十纳米。过去的"小信号模型"计算和手绘掩模版已经被功能强大的 EDA 软件所替代，面包板和示波器也变成了信号发生器、网络分析仪和探针台等设备。除此之外，电路的种类也层出不穷。这就意味着当初仅靠一人包办的设计工作，现在需要一个甚至几个团队协作，再配上昂贵的软硬件才能完成。

因此，无论是模拟电路还是数字电路产业链，它们的上游——电路设计已变成了 Fabless 的设计公司，其规模从只做 ADC 的几个人的小团体到做系列产品的上百人的团队不等。而这些工程师所使用的专业 EDA 软件的开发公司，如 Cadence 一家就至少有 8 000 多名员工。

在制造方面，这种需要雄厚硬件基础的工作则由为数不多的代工厂才能完成。工艺所需的材料和设备也由多家细分赛道的公司参与研发和改良。单做光刻机的阿斯麦尔一家公司的员工数量就已经过万。而封测方面也有专门的公司根据客户的要求来封装芯片，并对产品的指标进行事无巨细的测试。大规模封测公司的员工有 2 万余人。

随着摩尔定律指数级增长的不仅仅是芯片中晶体管的数量，伴随着全球电子产品日新月异的发展，集成电路的需求也与日俱增，靠集成电路产业链吃饭的公司和员工的数量也呈爆炸式增加。图 5-2 和 5-3 为截至目前全球部分集成电路产业链和支撑产业相关的国内外公司。

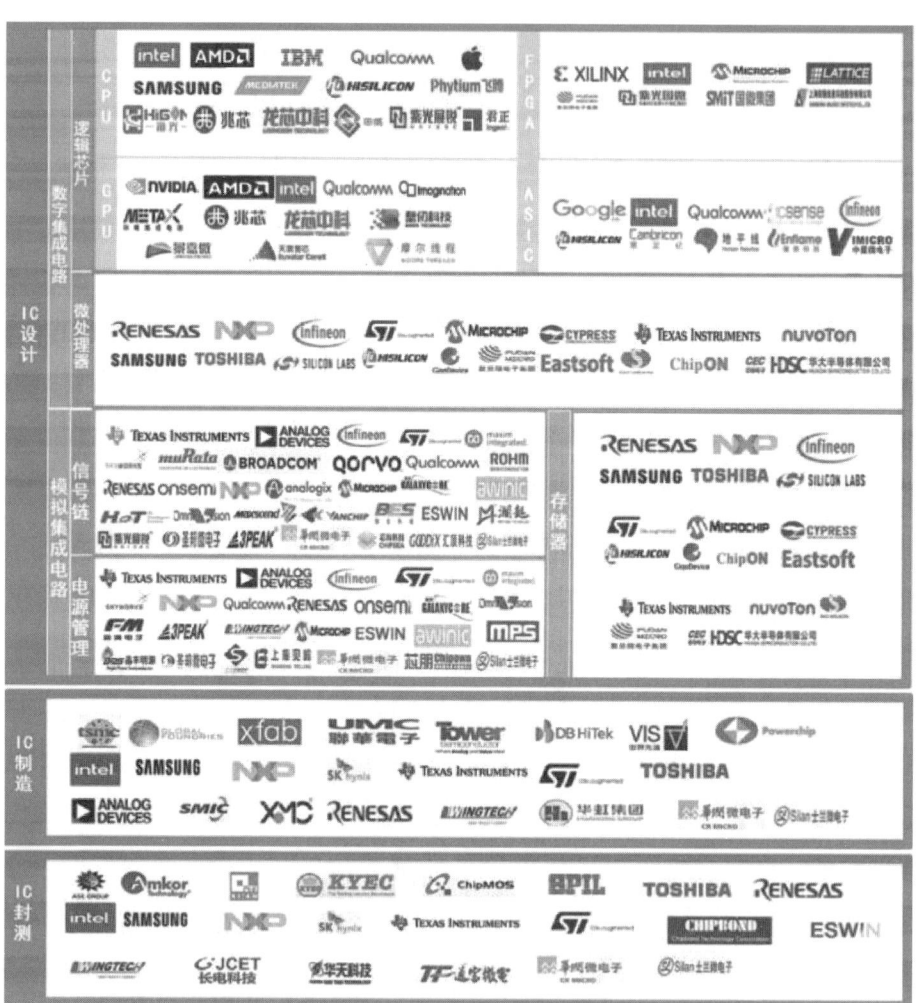

图 5-2　全球集成电路产业链相关公司

第五章 | 中国集成电路产业发展之路

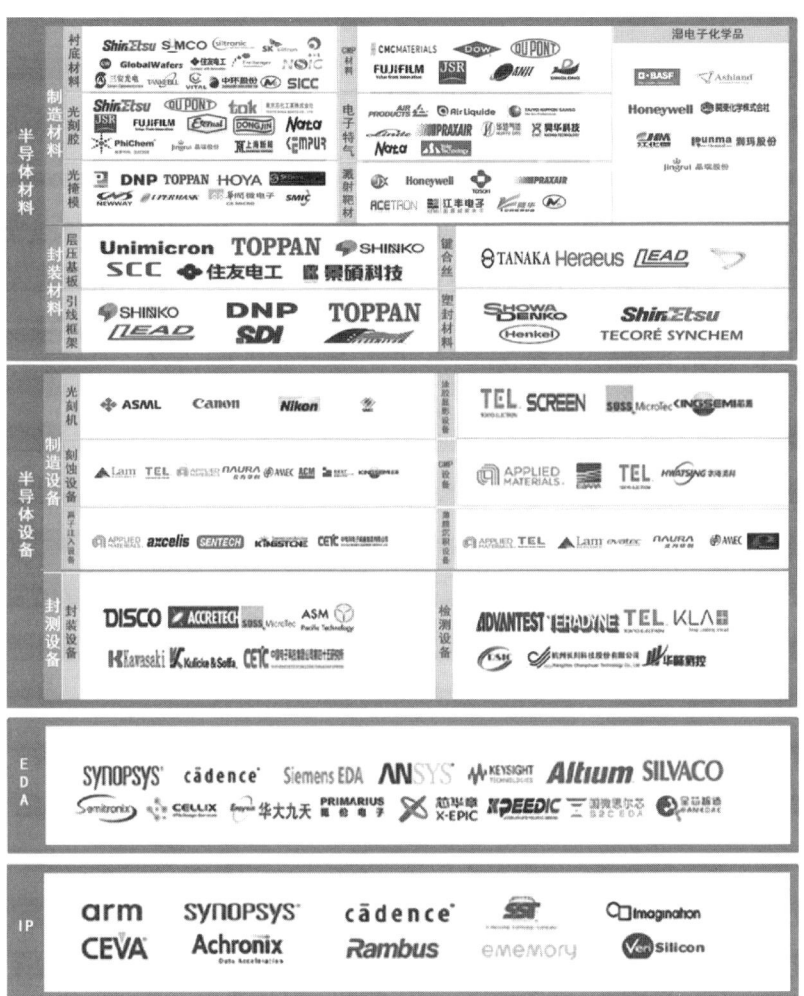

图 5-3 全球集成电路产业支撑公司

中国的IC生态链

从宏观上看，根据2021年波士顿咨询公司和美国半导体行业协会联合发布的报告中可以看出，中国2019年集成电路进口份额占全球总量的24%，而中国对全球产业链提供的出口仅为9%。巨大的贸易逆差不言而喻。

纵观全球产业链，如图5-4所示，2019年中国在下游的封测领域具有较高的竞争优势（38%），在支撑产业的晶圆制造和半导体材料方面占有一定比例（16%），而在上游的设计和中游的工艺制造领域的份额则明显低于美国、日本、韩国和欧洲。而且不得不承认的是，我们在这方面的差距并没有得到有效的缩小，截至2021年，中国集成电路的贸易逆差为历史新高的2 788亿美元。套句老话：道路是曲折的，形势是严峻的，挑战是巨大的，前途光明与否尚未可知。

集成电路说到底就是为了满足客户需求而生产的产品，而产品和企业竞争力还是市场说了算。虽然媒体曾宣传过有多少填补了国际空白的学术成果和掌握了核心技术的独角兽企业，然而，中国集成电路产业在全球市场中的份额却说明了一个残酷的现实——我们半导体产业的整体实力并不强。

这些数字背后的真实情况是：在技术上，中国芯片制造的技术基础薄弱，产业技术存储匮乏，核心技术少，类似于光刻机这样的高端设备是产业发展的短板；而在半导体材料方面，光刻胶、掩模版和大尺寸晶圆片产品几乎都要依赖进口。

| 第五章 | 中国集成电路产业发展之路 |

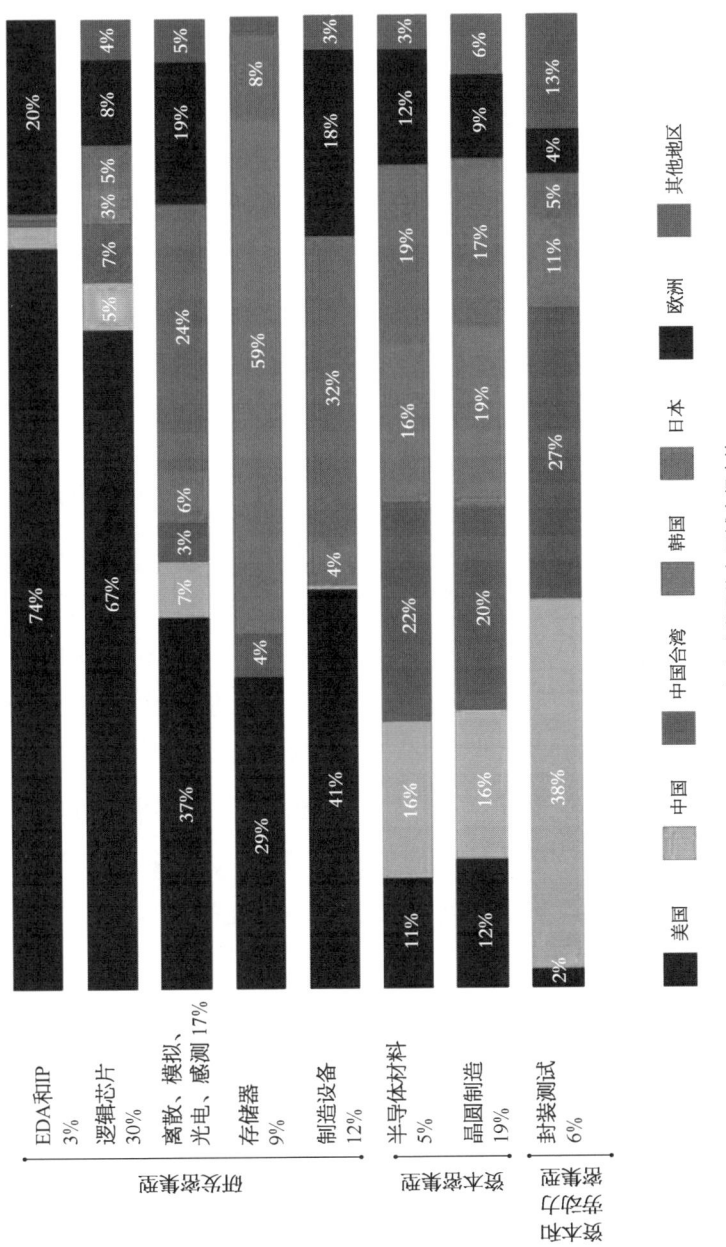

图 5-4 2019 年全球半导体各区域市场占比

看到这里，相信某些因为短期新闻利好消息就对中国集成电路盲目乐观的人会有种泄气的感觉。事实上，对于中国集成电路产业链发展最需要的既不是盲目乐观也不是无缘由地悲观。其实，你会发现最乐观的人容易"反转"成最悲观的人，因为乐观的人往往会对现实抱有极大的预期，一旦预期受挫，他就会走向极端成为悲观主义者。

完善中国集成电路生态链的策略

必须承认，中国集成电路产业链还有多个环节中都存在薄弱的地方需要攻关。但这并不意味着"缺啥补啥"，陷入被问题牵着鼻子走的窘境。我们在某些技术上确实与国际先进水平存在差距。差距确实应该想办法缩小，但总看着前者的背影是很容易迷失方向的。对方一个假动作或者变速跑就会使后者不得不被动地改变之前的策略。

世界龙头企业作为先行者，在技术开发早期就通过专利池布下了知识产权的壁垒。在这种情况下，在细分赛道里想绕过对方的现有技术有所突破，路径会变得非常狭窄。即便聘请了某些方面的顶级专家来分享经验，但是由于专家本人之前的工作环境和内容具有局限性，因此也不可能在短期内就做出"前无古人后无来者"的成果，基本还是延续原有的设计思路进行微创新。就算国家愿意在早期下大力度，即便亏钱给予支持，但从长期发展的角度来看，企业的经济行为仍然要顺应市场规律才能保持旺盛的生命力，因为孵化出来的小鸡还是放养才长得好。

纵观目前排名靠前的半导体公司和对应的国家，都不是一下子就强大起来的。即使是占据先机的美国的英特尔也不是一直能守住擂台，日本和韩国也是经过10多年的卧薪尝胆才在某些领域后来居上或分得一杯羹。张忠谋创办台积电初始时也并没有将他在德州仪器的存储器工艺生搬硬套地转移到中国台湾，而是对中国台湾的集成电路人员进行了充分调研后才立足现状，致力于从提高低端工艺良率开始，逐渐缩短和先进工艺的差距，并经过30多年的不懈努力，最终才成为提供优质代工服务的公司。

工艺上的发展策略

接下来从工艺制程入手，了解一下目前中国集成电路产业链的发展策略。常看到这样的推文：某某公司又出先进工艺了，尺寸缩小到了几纳米。然而，也许应该更深入地问一下，这家公司用先进工艺做的是什么电路？具体的良率是多少？如果仅仅是结构高度重复的存储单元，那么就只能说是试制成果，距离高端数字电路的高良率量产恐怕还有很长的一段路要走。此外，即使先进工艺成熟了，也并不意味着就能靠它赚得盆满钵满，还要看市场对某种工艺下对应的电子产品是否敏感。而最能反映市场需求预期的就是产能，如图5-5所示，事实上，市场中83%的芯片所对应的制程用的是10 nm及其以上更大尺寸的工艺技术。对于中国来说，相

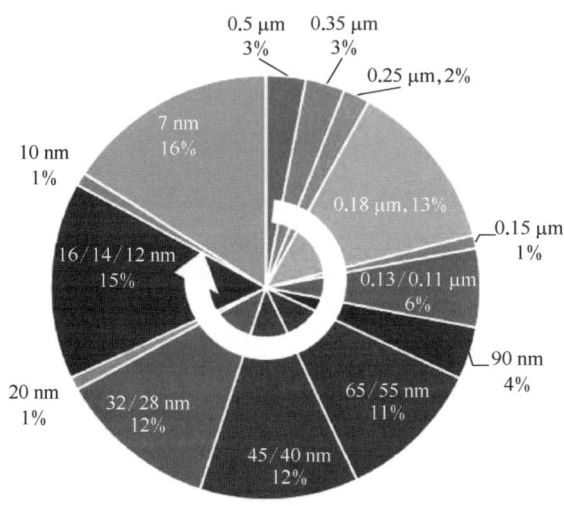

图 5-5　半导体市场中不同制程的占比份额
（数据来源：兴业证券）

对于完全进口 7 nm，本土可控的 14 nm 以上的工艺技术意义更加重大。

以华虹半导体为例，其主打产品是以 eFlash 为代表的存储器（社保卡存储器）和 IGBT 为代表的功率器件。IGBT 是绝缘栅双极型晶体管（insulated gate bipolar transistor）的英文缩写，它是由三极管和 MOS 管两种晶体管组成的复合器件，其特点为输入阻抗高且导通压降低，但是硬伤是由于其非平衡载流子较多，与 MOS 管相比，开关速度和工作频率较低。IGBT 的应用之一就是构成电动汽车（1 500～1 700 V）的核心工控。除此之外，IGBT 在高铁逆变器的电控系统也有着用武之地。2010 年，中国北车永济电机公司就为中国的高铁研制出了 6 500 V/600 A 的 IGBT，这是目前世界上电压等级最高的产品，其各项指标都达到了国际标准，打破了国外核心技术长期垄断的局面，为中国高铁走向世界奠定了技术基础。

如果你是华虹的决策者，针对目前的多种工艺将如何规划工艺发展策略呢？答案是将现有资源利用到极致的"特色工艺"。就像打麻将一样，重点不在于单张牌的优势，而是所有牌组合的综合效果。从华虹2020年1季度的销售收入可以看出，0.35 μm及以上工艺占比最多，为49.6%，0.13 μm～55 nm工艺占比为32.9%，而0.15～0.18 μm工艺占比为15.8%。也就是说，它最赚钱的工艺并不是用来做存储器的最小的工艺，而是尺度更大的应用在电动汽车的IGBT。

不仅如此，为了获得更大的产能，华虹2018年3月开始就在无锡的高新产业开发区投资了近百亿美元建造华虹七厂。该厂拥有从阿斯麦尔购买的3台干式光刻机，主要生产晶圆直径为12英寸的芯片。与上海金桥和张江的3条8英寸产线相比，新厂的盈利能力更高，并创造了接近50%的扩张空间。

事实上，不仅是华虹，中芯国际在不断追求最小制程技术的同时也并行完善着成熟工艺。也就是说，用高良率、成熟工艺挣的钱来养新制程，开发未来更赚钱的服务，从而使得企业呈现滚雪球式的良性循环。该思路同样适用于中国集成电路产业链各个环节技术的升级换代。因为从需求上看，国内半导体产品的需求范围广，无论是高端的处理器芯片还是低端的 LED 发光二极管，都存在着极大的市场需求。

中国 2015 年 5 月 19 日发布的《中国制造 2025》中明确目标：2025 年，中国的集成电路自给率要达到 50%。这意味着从低端到高端的国外产品都存在着国产化的可能性。

并不见得只有"高技术"含量的"最新"技术才能赚大钱。哪怕是 10 年前的技术，如果吃透了并进行优化也是可以快速获得商业回报的。但需要强调的是，这并不意味着靠鼓励短平快的短线投资和技术产品就能提升本国集成电路产业链的整体实力，仅仅因为暂时虚高的市场估值就头脑过热是要不得的。特别是中低端产品必然面临产能过剩后的价格危机。几轮投资后的技术引进，技术研发的持续和创新才是公司能够在之后的竞争中"长治久安"的王道。

当然，事在人为，公司的发展不仅要靠技术人才的通力合作，还与管理高层的主观意愿息息相关。对于白手起家的一代目来说，好不容易实现的财务自由是不愿意再冒风险失去的。是把 5 年内靠一代技术赚到的钱用来"投资买房"留给二代目留学，图个有限生命中的及时享乐，还是冒着资产"归零"的风险投资到下一轮产品获得更长远利润的可能性中，是很多初创公司要面临的抉择。创业的 5 年之痒或者 10 年之痒往往是对一代目创业初心的考验。

2016 年的《自然》杂志（*Nature*）上曾经刊登过一篇名为《新摩尔定律》（*More than Moore*）的文章。其中"Moore"指的是摩尔定律，是多样化发展的意思。显然，在不断接近制程物理极限的今天，在求精的同时，我们还可以在更多的道路上走出自己的中国特色,在关键技术的创新和产业化中做文章。

2. 聚焦关键技术的创新与产业化

设备上的关键技术

"硅仙人"吉姆·凯勒曾经在一次采访中说:"在创新的轨迹上,我们往往认为台积电公司、三星和英特尔是流程领导者。但实际上,很多领导者都是像阿斯麦尔这样的设备制造商,以及材料制造商。"这句话点出了集成电路制造过程中关键设备和材料创新的重要性。如图5-6所示,集成电路的设备分为制造设备和封测设备两大类。每种设备在市场上基本都可以找到对应的技术成熟的品牌产品。如图5-7所示,集成电路生产线有着一系列高中低端的标配产品。特别是对于成熟的工艺来说,其设备几乎都是配套的明码标价且具有品牌效应的产品。

然而,像EUV光刻机这种大家耳熟能详的"尖端核心技术"却是买不来的。当初的日本尼康还可以靠偷偷拆日本电气买来的GCA光刻机,在1980年仿制出自己的NSR-1010G步进式光刻机,并逐渐蚕食市场甚至导致GCA的关闭。然而在1996年,中国受到40多个成员国签订的《瓦森纳协定》的影响,别说是高端光刻机,连光刻机里的激光器(德国产)、光罩(日本产)、反射镜(荷兰产)和控制

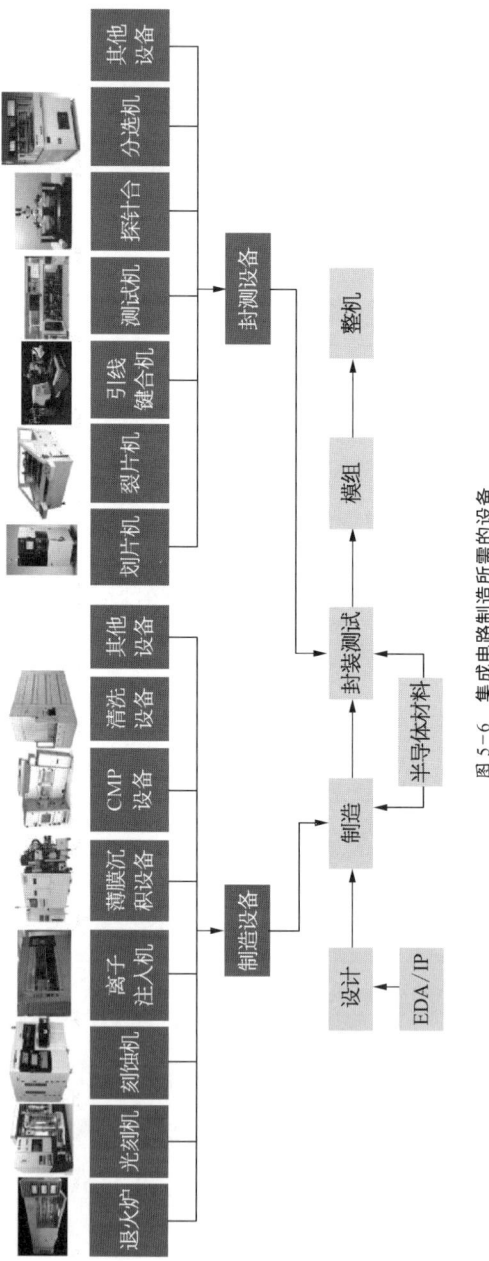

图 5-6 集成电路制造所需的设备

图 5-7 集成电路产业链上设备的部分品牌

器（美国产）等配件都无法进口。

更何况每代光刻机结构上都有着很大的不同，上一代产品的硬伤不是仅靠"优化"二字就能够解决的，从光源到光路都要"推倒重来"。比如，要想获得 7 nm 制程对应的 EUV 光源，需要采用两束 10 万 W 的二氧化碳激光器的激光脉冲来轰击液态锡靶才能保证产生 13.5 nm 波长的光，并且其中心焦点功率保持在 300 W 以上。而由于波长的限制，如图 5-8 所示，必须采用 Mo-Si 多层布拉格反射镜才能控制极紫外光的光路，因此，过去价值几千万美元应用于上代 DUV 的透镜组都不能用了。

芯事 The big bang of the chip

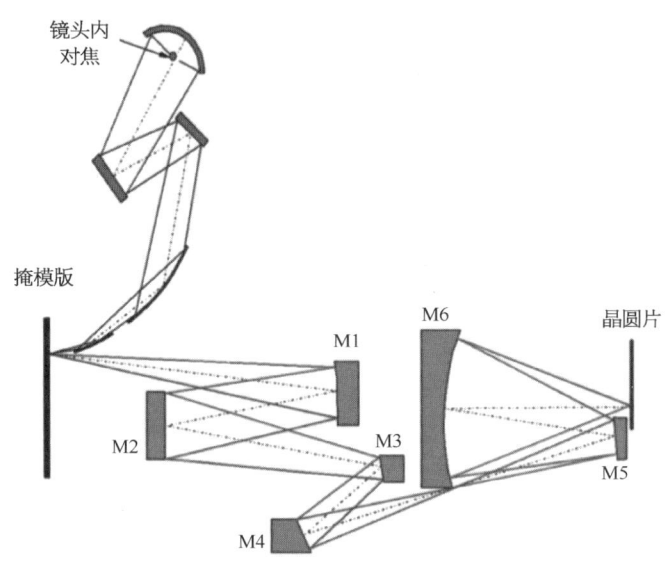

图 5-8 应用于 EUV 光刻机中的全反射镜 M1-M6

虽然现在很多人把荷兰阿斯麦尔公司捧成了神一般的存在，但是靠光刻机"一招鲜吃遍天"的阿斯麦尔当时也被日本光刻机打压了多年，要不是拜美国组建的 EUV LLC 联盟所赐，阿斯麦尔是很难在 EUV 这一代产品上左右逢源，需要什么配件就能买到的。

当然，这里并不是贬低阿斯麦尔的创新能力（校准平台）和系统集成能力，只不过说"巧妇"要有米才能做出饭来。就像被美国排挤在 EUV LLC 联盟之外的日本尼康一样，阿斯麦尔的作业方式不适合中国，我们要从更底层、更基础的关键组件的研发上下功夫。所谓的自主研发，某种程度上说也是被逼出来的。

材料上的关键技术

根据国际半导体产业协会（Semiconductor Equipment and Materials International, SEMI）的数据，全球半导体材料市场规模从 2015 年开始连续 5 年的复合增速均超过 5%，在 2020 年达到 553 亿美元。其中，晶圆制造材料占比由 55% 增长到 63%，规模从 240 亿美元增长到 349 亿美元。如图 5-9 所示，晶圆制造材料中市场占比最大的是硅片（35%），金额为 122 亿美元。除此之外，还包括电子特气（13%）、光掩模版（12%）、光刻胶（6%）和光刻胶辅助材料（8%）等。

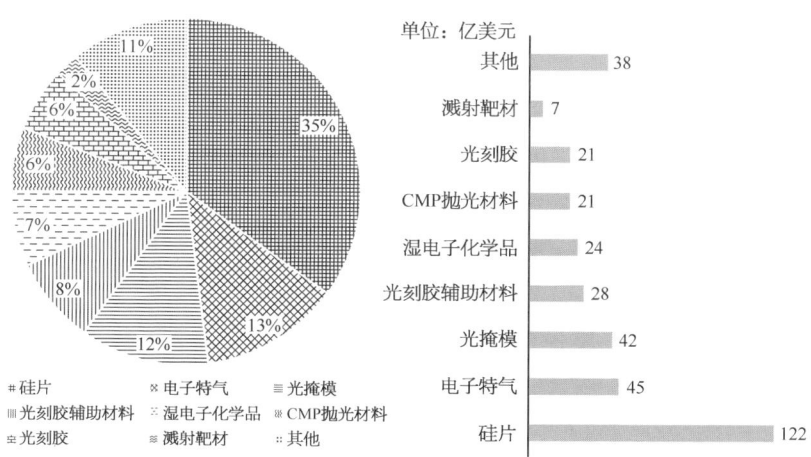

图 5-9　全球晶圆制造材料市场占比和价值量分布

而如图 5-10 所示，在几乎所有关键的半导体材料方面，日本企业的市场占比都是垄断性的。就像第四章所述，虽然

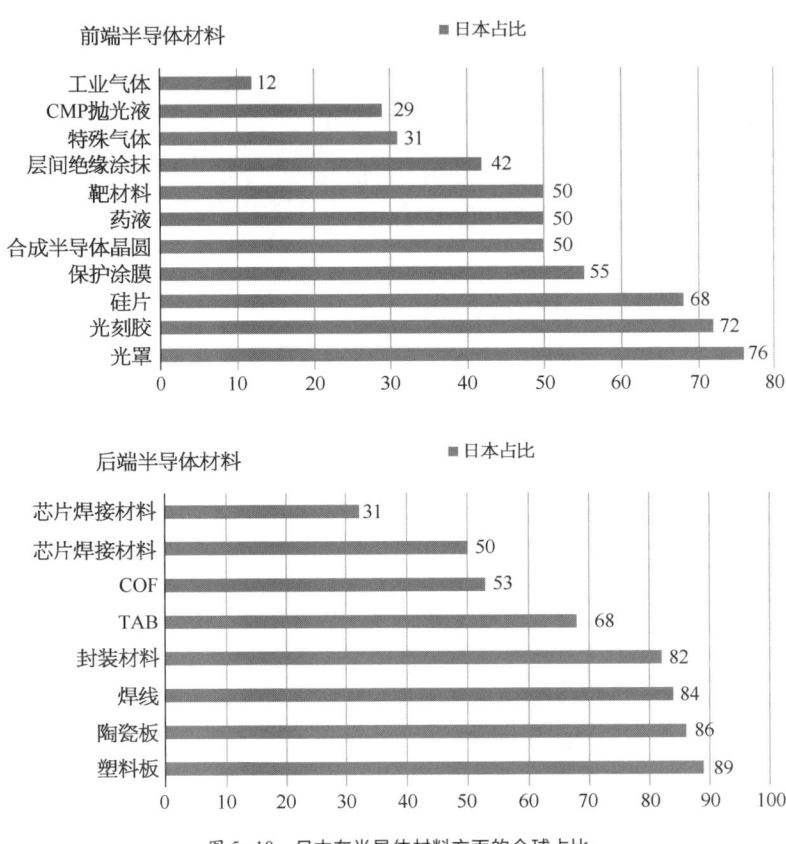

图 5-10 日本在半导体材料方面的全球占比

现今日本已经被韩国挤出了 DRAM 的赛道，但是在 DRAM 制造中的关键材料领域，日本公司占有 70% 以上的市场。由于 2019 年开始日本对韩国半导体材料的出口限制，加上日本企业的产能瓶颈和产品涨价，直接导致韩国半导体光刻胶的供应于 2022 年 4 月进入紧急状态，库存量低于 3 个月安全线以下，三星高层不得不前往日本寻求与上游供应商的深入合作。

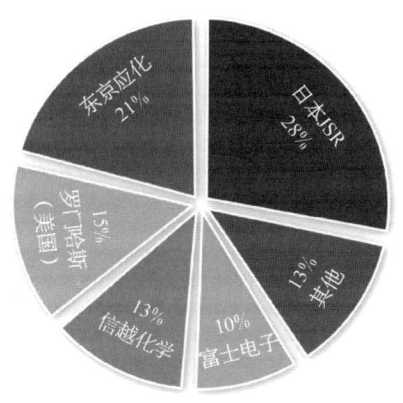

图 5-11　2022 年 6 月全球光刻胶的市场占比

虽然光刻胶其价值在半导体材料中的占比与其他材料相比看似并不突出，但是其高技术含量和稀缺特性都不得不令人重视。没有它，再好的光刻机也照不出高精度的图像。也正是靠着它，日本合成橡胶公司（JSR）2022 年 6 月以 28% 的市场占有率成为业内隐形冠军（图 5-11）。加上东京应化、信越化学、住友化学和富士胶片，日本几乎垄断了全球 70% 以上的光刻胶市场。在细分领域——Arf 光刻胶中，日本甚至占据了 93% 左右的市场份额。可以毫不夸张地说，日本一地震，全球的半导体代工厂都要跟着发抖。

光刻胶又称光致抗蚀剂，由聚合物材料（树脂）、感光组分（光敏剂）、溶剂（如丙二醇-甲基乙醚，PGME）和微量添加剂组成。光刻胶曝光后的化学性质会发生变化，在显影液中，负性光刻胶（以下简称负胶）因为交联硬化而不溶于显影液，而正性光刻胶（以下简称正胶）则因为软化可溶解去除。一般来说，由于负胶显影后图形会产生胀缩，因此正胶的精度要比负胶高一些。

但无论是正胶还是负胶，其目的都是和遮光的掩模版搭配，经过曝光和显影来完成芯片中各种图形的塑形。某种程度上，显影后残留的光刻胶就像活字印刷时的雕版一样，在晶圆片上留下一面面临时的围墙。虽然最终要被清洗掉，但是没有它，其他材料在硅片上就无法老老实实地待在集成电路版图图案中各自对应的区域里形成晶体管、电容、电阻和电感等基本单元，更不用说像连接各个楼层的楼梯一样连接各层电路的引线了。

上面我们提到过，不同的光刻机采用的光源是不同的，制程越小，精度越高，光源的波长越短。而光刻胶与波长也是一一对应的，由紫外宽谱向 g 线、i 线、KrF、ArF、F2、EUV 方向转移。也就是说，曝光效果不仅与光源有关，而且取决于光刻胶的分辨率。

EUV 光刻胶感光部分的材料为叔丁氧羰基（t-Boc）。该材料在保证高分辨率的前提下，将感光速度提高了至少 100 倍。不仅如此，作为反应物质的透明质酸（hyaluronic acid, HA）是可以循环利用的。也就是说，在工艺加速的同时还降低了原材料的成本。其发明团队中就包括日本科学家伊藤洋博士（图 5-12）。很遗憾，这位低调的博士在 2009 年因为癌症去世，在互联网上甚至都查不到他的一张照片。然而，该材料绝对是诺奖级的发明，它的出现让摩尔定律多"续命"了几十年。

以光刻胶为代表的日本半导体材料的垄断地位源于日本

图 5-12　EUV 光刻胶的发明团队 左起：格兰特·威尔逊（Grant Wilson）、让·弗雷西耶（Jean frésier）、约翰·弗雷德里克（John Frederick）和伊藤洋（未出现照片）

20 多年对基础科学的重视。进入到 21 世纪，日本政府对于科研方面的支持主体已经由企业转为了高校和各大科研院所，逐渐萎缩的企业研发团队反而要担任大学研发机构的"副手"才能获得足够的资金支持。这一阶段，日本获得了很多诺贝尔奖，基础科学方面也获得了突破性的进展。随之水涨船高的也包括半导体材料在内的技术水平。但必须强调的一点是，这种策略是把双刃剑，钱就那么多，材料方面提升的代价是其他赛道的空缺。这一点大家可以从图 5-13 中看到端倪。

结构设计上的关键技术

集成电路一般来说是应用驱动技术研发的产业。以手机为例，为了让手机拍照更漂亮、视频更清晰、网速更快、更加省电，就要求芯片工程师不断提高芯片的性能和增强芯片的功能。特别是聚焦于 AI 功能的 CPU 和 GPU 为了满足应

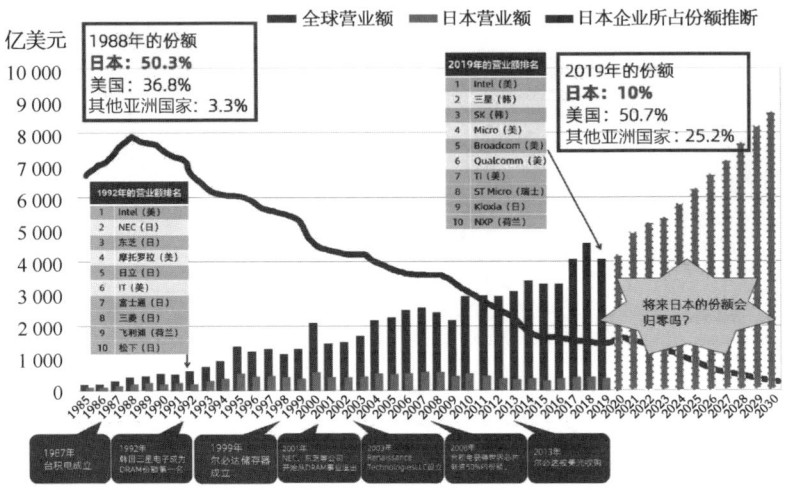

图 5-13　日本半导体 1985—2030 年市场份额趋势

用要求，更是对运算效果提出了挑战，具体反映在硬件上就是高集成度与多核结构的出现。单颗芯片上晶体管的数量已经超过了人脑神经元（120 亿～ 140 亿个）的数量，服务器里上百核的 CPU 也已经不是什么新鲜事了。

然而，如图 5-14 所示，工艺物理极限、存储速度和由高晶体管密度带来的散热问题却成了阻挡硬件加速的壁垒。英特尔处理器的"Tick-Tock"性能更新策略在 2030 年 1 nm 的制程之后是否仍然能够滴嗒作响是值得怀疑的。但目前我们可以确定的是，在芯片结构方面仍然有开放潜力。

类脑的异构仿生芯片已经成了芯片功耗的"救星"。以清华的"天机芯"（Tianjic chip）为例，虽然他们用的是 28 nm 的工艺，但其芯片的功能和性能却是强大的，究其原因在于它既支持人工神经网络（artificial neural network，ANN），

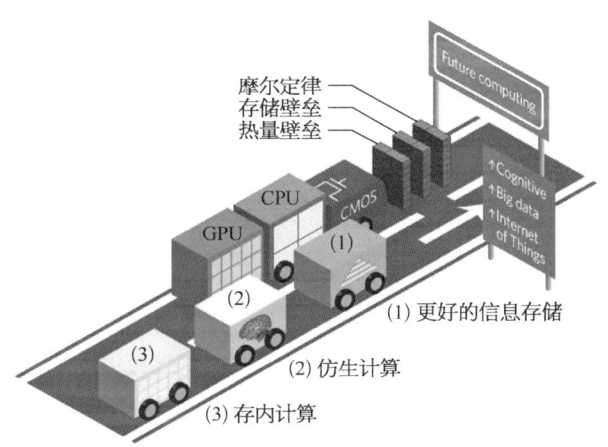

图 5-14 计算机芯片发展遇到的壁垒

又支持带有更多信息的脉冲神经网络算法（spiking neural network，SNN）的架构，而该架构可以融合多模态信息。这两种网络处理的信息，前者更偏向于开关的数字信号，而后者则更像是仿生了携带波形、相位和同步信息的神经元"充放电"的模拟信号。

"天机芯"在某种程度上仿生的不是人脑的某个脑区，而是整个大脑。也就是说，"天机芯"打造了一个执行多任务的"虚拟生物硬件系统"。它的混合范式可以根据任务要求（如低功耗、高速、高精度或整体高性能）自由搭建 ANN 和 SNN，并把它们组成模块化的网络，执行多种多样的功能。以功耗为例，如图 5-15 所示，为天机芯在不同电压和工作模式下的功耗（power）。从中可以看出，就像是一个人面对不同的任务时，合理分配体力一样。天机芯应对整体（all）、视觉（visual）、控制（control）、听觉（audio）和基础(base)不同任务时并没有一刀切地使用蛮力,而是"量力而为"地合理分配功耗。通过表5-1可以发现,与现有的神经网络平台相比,天机芯在整体性能上是毫不逊色的。与制

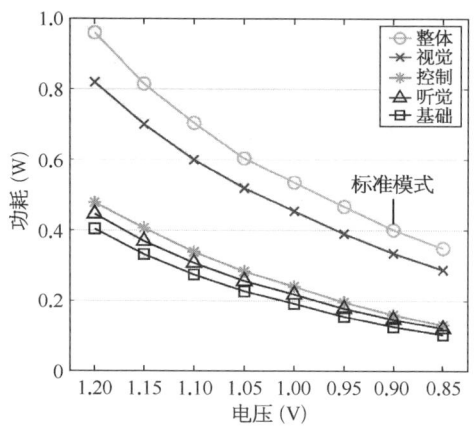

图 5-15 天机芯在不同电压和工作模式下的功耗

表 5-1 天机芯与其他神经网络平台相比在性能参数上的差别

平台	True North	Loihi	EIE	Eyeriss	ESE	**Tianjic**
Model	SNN	SNN	MLP	CNN	LSTM	**Hybrid**
BitWidth	9W~1S	9W~1S	4W~4A	16W~16A	12W~16A	**8W~8A/1S**
Memory	SRAM	SRAM	SRAM	DRAM	DRAM	**SRAM**
Technology	28 nm	14 nm	45 nm	65 nm	22 nm	**28 nm**
Clock (MHz)	Async	Async	800	100~250	200	**300**
Area (mm^2)	430	60	40.8	16	N.A.	**14.44**
Power (W)	0.063~0.3	N.A.	0.59	0.2~0.3	41	**0.95**
GOPS/W	N.A.	N.A.	174	246	6.9	**1 278**
GSOPS/W	400	N.A.	N.A.	N.A.	N.A.	**649**

程更先进的 22 nm 的 ESE 相比，天机芯时钟频率增加了 1.5 倍，功耗减少为 1/43。与同工艺尺寸（28 nm）的美国真北芯片（True North）相比，功耗虽然增加了 0.65～0.89 W，但芯片面积却几乎小至其 1/30。

当然，现在的仿生芯片对人脑的仿生程度还远远不够，活生生的神经元之间的链接是可以断开重组的，目前只能在现有硬件的基础上，通过软件来模仿这一过程。更基础的算法架构（framework）也与人脑的机理相去甚远。某些看似高大上的仿生芯片也只是在对人脑生理学构造一知半解的认知下的拙劣模仿。甚至有人认为，就像所谓的"艺术来源于生活但高于生活"一样，仿生芯片的设计已经可以不再参照人脑而独立发展。这只能说是满足于现有成果下的"故步自封"。

神经网络算法和相应的人工智能芯片的路还很长。从长远来看，现有的仿生芯片也只是个阶段性成果。要想让机器有智慧，还得从让电脑更像人脑开始。不过，"天机芯"的例子至少说明了一件事：成熟工艺结合结构革新，同样可以创造出满足现有应用需求的"最强大脑"。

通过对隶属于设备、材料和结构 3 个方面的光刻机、光刻胶关键技术和异构芯片的梳理，不难看出，关键技术不仅是所谓的薄弱环节，更是创新的技术。其背后往往是少则 10 年多则几十年的磨砺，是国家决策和几代芯片人砥砺前行的结果。芯片技术更新换代非常快，没有强大的基础科学是很难在下一代的产业升级中保持优势的。但从另一个方面也给了一个启示，与其照搬照抄，追随竞争对手的脚步，不如在其他方向上另寻出路，特别是通过在关键薄弱的产业基础上的产学研联合攻关才有可能实现超越。

3. 产学研合力攻关薄弱产业基础

学术成果转化的不确定性

理想很丰满，现实很骨感。很多看似可行的理论在试验和量产中往往像大浪淘沙一般被筛选掉。还记得之前说过的光刻机光源吗？根据表征最小工艺尺寸的金属线半节距（half pitch）公式可知，入射光的波长 λ_0 越短，光刻机就能制造出更小的制程。

$$HP = k_1 \frac{\lambda_0}{NA}$$

其中 k_1 为工艺因子，NA 为数值孔径。

曾几何时，科学家们最先瞄准的并不是现在已经量产的光刻机所用的 13.5 nm 的极紫外线，而是波长 1～10 nm 的软 X 射线，为此各国政府和公司都在 20 世纪八九十年代投入了大量的人力和财力。美国政府投入了 5 000 万美元开展该项目的研发，并追加 5 亿美元，以期在 2004 年出样机，在 2007 年完成商业化。日本的 NTT 公司、俄罗斯科学院和德国的微结构技术研究所也不甘示弱，为减小数值孔径对大孔径高精度非球面镜展开了攻关。全世界的科学家们在

1981—1992 年发表了大量的相关论文,花了 11 年的时间发现软 X 射线"看起来很美",却卡在了相位缺陷和光学成像系统的波前误差等问题上,最终不得不将其相关研究暂时搁置。

此轮科研成果转化失败的代价,无论从时间上还是成本上看都是巨大的。虽然爱迪生损失成百上千个灯泡也不会心疼,但对于一个透镜就至少值几百万美元的工业光刻机来说,每次试错之后,财务人员的心都在滴血。

当然,我们不要觉得所有研究都打了水漂,更不能全盘否定这 11 年的试错。本章第 1 节中我们提到的多层反射镜就是 1985 年由斯坦福的特洛伊·巴比(Troy W. Barbee)与加州大学伯克利分校的斯坦利·姆罗夫卡(Stanley Mrowka)和迈克尔·赫特里克(Michael C.Hettric)共同研制出来的。如图 5-16 所示,其反射率的实验结果远超理论预期,这也为将来 13.5 nm 波长 EUV 成像技术的发展铺

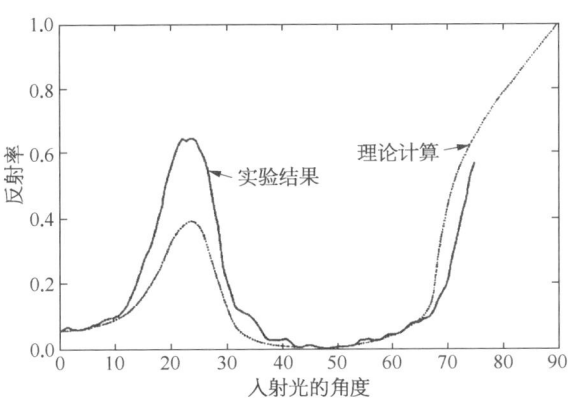

图 5-16　入射光波长为 17 nm 时,Mo-Si 多层反射镜实验与理论计算的反射率对比

平了道路。

　　科研之树什么时候结出产业之果，往往充满了不确定性和长期性。哪些技术会成为"黑科技"？哪些公司会靠着这些技术转化的成果变身"黑马"？这些甚至连科研人员自己都预料不到。X射线之前的"落选"也并不意味着今后的日子里就没有"翻身"的机会，随着光刻机光源波长进一步缩小的需求，随着技术的进步和科研人员的创新，过去看似不可逾越的困难在几十年后也许将会获得突破，就像某些著名的作家和画家一样，他们的价值往往是过了很久才被世人所认可。

　　当然提高光刻机精度的途径不止光源波长，还有数值孔径。这里我们就不得不提到像林本坚博士这样的"搅局者"。为了提高光刻机的数值孔径，林博士所在团队通过在镜头和光刻胶之间加入纯水替代气体来获得突破。该种光刻机也因此被称为浸润式光刻机。但同时，该项研究并没有受到业内同行的"欢迎"。因为该光刻机一旦试制成功，会让很多在研的项目"相形见绌"，甚至好不容易要到手的规划资金付诸东流。但林博士并没有知难而退，他和团队反而愈挫愈勇，在不被看好的情况下硬生生地做出了几乎适用于所有光刻机的改良范式，也让台积电百试不爽，赢得了先机。事实上，在数值孔径上寻找突破的不仅是林博士，据说阿斯麦尔计划在2025—2026年推出一种新的光刻系统，其核心技术就是通过数值孔径来提高EUV光刻机的精度。

　　先进技术并不会因为个别人瞧不上眼就永远蒙尘，在竞争激烈的工艺赛道中，永远是敢于尝鲜的勇者笑到最后，因为即使失败了,你也比对手更早知道哪条路走不通。说句残酷但又现实的话,即使公司倒了,但技术仍然持续"生长"着。在创新路上,是当种树人还是接盘侠,往往最容易让人患得患失和犹豫不决。

日本的产学研之路

二战后发展起来的日本企业(日立、东芝、松下和索尼等公司)不仅获得了晶体管技术的授权和家电(冰箱、洗衣机、电视等)品牌的建立,更在国内贸易保护期间获得了做强的机会。直到20世纪80年代,开放了国内外市场的日本家电更是创造出了迄今为止最为辉煌的全球市场份额和销售成绩。"日本制造"像它的老师"德国制造"一样,经过几十年的努力终于从"山寨货"的贬义词变成了"物美价廉"的褒义词。

在集成电路领域,日本家电(松下)、游戏机(任天堂)和个人电脑中的大量芯片(除了CPU)也都实现了国产化的替代。在当时,NEC和爱普生(Epson)的电脑是日本引以为傲的"民族品牌"。而这背后是日本芯片国家队——VLSI技术研究所2.36亿美元的投入和日立、NEC、富士通、三菱和东芝5大企业合力攻关的结果。其拳头产品256 K的DRAM的量产比美国还早了2年。不仅如此,日本在集成电路的设备(PVD和CVD)、光刻工艺(索尼)和材料化学领域也实现了产业链关键技术的自主。日本的精密制造能力在半导体领域发挥了极大的优势。

然而到了 20 世纪 90 年代，特别是《广场协定》签订之后，经历了几次软抵抗之后的日本呈现了整体经济下滑的疲态。掌握国家经济命脉的保守重工业财阀仅仅满足于自身产品的整体效果，对作为核心技术的集成电路认识不够、重视不足，而头脑清醒的中层技术人员的意见和建议无法被上层官僚体系所听取和采纳，昔日的国家队分裂成仅服务于各大公司自我需求的研究部门。很多心寒的科研人员在其他国外公司的高薪聘请下选择了更为广阔的发展空间。特别是关键发展战略上的错误判断，使得日本在手机通信和液晶面板这两个优势领域背离了国际标准，失去了发展的先机。

如前所述，进入到 21 世纪，日本政府对于科研方面的支持主体已经由企业转为高校和各大科研院所，逐渐萎缩的企业研发团队反而要担任大学研发机构的"副手"才能获得足够的资金支持。虽然这一阶段日本有很多诺贝尔奖获得者，基础科学方面也获得了突破性的进展，但由于产学研的脱钩，"高大上"的科研立项无法转化为立竿见影的公司利润。具体技术细节上的攻关虽然能够提高良率和产能，但由于其学术价值有限并不被金主所重视，也因此失去了长期的资金支持和试错机会。虽然在个别设备、材料和工艺技术上仍然有几十年的技术积淀和市场垄断地位，但日本整个半导体生态已经分崩离析，独木不成林了。

日本的集成电路产业发展迄今为止经历了从产学研到研学产两个方向和路线，既催生了一系列优秀的日本电子产品，也涌现了多位诺贝尔奖获得者。看似名利双收，然而却是顾此失彼，只赢得了"局部胜利"，却最终丢失了"大局"。其背后是公司高层的保守和判断失误，在行政等级森严的日本，寄希望于懂技术会"把脉"的人"以下克上"是不现实的。

总之，"墙倒众人推"，在经济泡沫、决策错误、资金投入和人才流失的多重因素影响下，日本半导体公司在其他国外企业的夹击下，逐渐失去了市场份额，昔日的民族品牌纷纷被挤出了残酷的竞争赛道，很多家电产品不得不退守本国市场。然而，本土市场的规模与全球相比根本不是一个量级，故步自封只能使综合实力逐渐萎缩。

就像马克·吐温的名言所说，历史不会重复，但会押韵。虽然中国的半导体产业与日本相比，在体量、人力和财力方面不可同日而语，但中国很多半导体相关公司发展的现状在20世纪八九十年代的日企身上都能够找到相似的影子。当初发生在日本的情况也同样发生在半导体产业链"方兴未艾"的中国。

中国可借鉴的产学研之路

在集成电路产业中，中国搞学术的高校和科研院所与公司之间虽然都是在做同一个专业领域的事情，但驱动力却多有不同。目前，学者去公司中任职的比例不高，而且基本集中于电路设计领域，在工艺方向上鲜有下海者。

虽然经常听到一些新闻或者看到一些论文中提到某种颠覆性的技术，但毕竟双方的关注点并不相同。学术单位更关注的是发创新性的论文，他们往往耻于重复他人的技术路径和结果，除非有进一步挖掘的空间。因为同样两篇论文，哪怕后一篇数据更加详尽、可靠性更强，但一个萝卜一个坑，《自然》（Nature）和《科学》（Science）是不会重复刊登两篇相似度很高的论文的。即使某个尖端领域取得了突破性进展，但是顶多发几篇高引用率的文章，几年之内就得另起炉灶才能与心仪的期刊"再续前缘"。

公司里却不是这样的，为了试错某项技术，良率工程师可以采用"试验田"的"暴力"方式来猜出合适的参数。学术上定性的突破和一定量的结果就可以获得掌声，但在产业界一个百分比都关系着企业的生死存亡。如果能在现有的固定设备和工艺流程上体现工匠精神，把某个关键操作控制好，就已经是一位好的设备工程师了。在企业看来，一位著作等身、取得了上百个专利的学术带头人的一次综述报告，远不及帮忙找到机械臂上静电导致的 ESD 失效的原因来得实际。

此外，越是顶尖的学术实验结果，由于其实验条件的苛刻和具有很高的难度，越是难以被证明和复制的。同时，可靠性往往是企业决定一项技术去留的关键因素。论文中只会发表 10 次试验里面最好的那一次结果，而公司却希望这 10 次试验结果都是最好的。例如，苹果宁可用非常占用芯片面积的二极管结构来实现芯片里 1 个 Pad 的 ESD 保护，也不会用最新型的发表在国际固态半导体电路会议（International Solid-State Circuits Conference，ISSCC）上的电路。

当然，科研学术与企业研发也并非完全泾渭分明。上述提到的国际固态电路会议是集成电路领域"奥林匹克"级别的国际顶级会议，每年高校、科研院所和公司都是挤破了头想入围的。这就说明在不同的分支领域，科研单位和公司是各领风骚的。拥有最新工艺的代工厂，哪怕用 0.8 nm 的晶体管只做出来个反相器也是可以发表顶级期刊的，因为重点不在反相器而在于工艺技术。而高校则在电路结构上下工夫，哪怕在某方面能够挤出一点点新的发挥空间，都是很不容易的突破了。

产学研虽然有着天然的错位，但仍有些人能够真正起到把产学研联通起来的积极作用。比如，被称为台积电首席技术官的加州大学伯克利分校的胡正明教授就算一位。

1996 年，胡正明研究小组在美国政府国防高级研究计划局（Defense Advanced Research Projects Agency，DARPA）的赞助下，开始从事 FinFET 器件技术的开发，他们招兵买马，从全世界邀请工艺方面的企业专家到自己的团队做访问学者，解决关键技术难题。他们邀请了早在 1989 年就真正做出了与 FinFET 十分相似的 DELTA 晶体管的伊萨莫托（D. Hisamoto），并于 1999 年发表了 FinFET 的相关论文。

虽然产业界在 2000 年就争论着摩尔定律是否会止步于 10 nm 工艺，但实际上至少 10 年前工艺的雏形就已经被研究出来了。甚至 20 年前，如图 5-17 所示，与 FinFET 结构类似的相关专利也已经被申请了。该专利具体是由 Yutaka Hayashi 于 1980 年在日本筑波的电工实验室发明的，原始专利于 1980 年 6 月 24 日提交给日本专利局，并于 1993 年

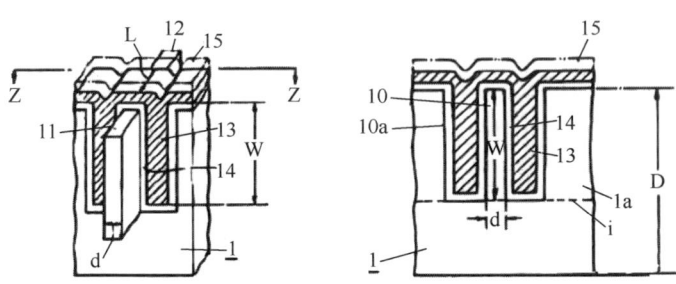

图 5-17　日本研究者 Yutaka Hayashi 在 1980 年发明的多栅 XMOS

10 月 14 日被授予（专利号为 JP, 1791730, B）。

胡正明教授最大的贡献就在于他独到的眼光和组建项目的能力。做器件建模的胡教授能够最早调研到业内新型晶体管的结构，而由于 EDA 技术跟企业工艺联系紧密，因此他和团队也比较清楚如何在现有工艺基础上真正做出能够量产的 FinFET。而且他不故步自封，能够从众多候选人中邀请到最得力的外援参与到重大项目的研发中，体现了他的组织能力和识人的眼光。

虽然从 0 到 1 非常重要，但从 1 到上百亿亦值得称道。"九十方过半"，看似最后的 10%，仍需要大量的技术完善、量产试制和之后的持续发展。就连倍受胡教授本人推崇的另外一项与 FinFET 齐名的晶体管技术 FD-SOI，最后也由于技术和非技术原因而遭到冷遇。

难能可贵的是，胡教授积极地参与新型晶体管的产业化尝试。2000 年，受到台积电张忠谋的邀请，胡教授毅然离开高校到台积电当了 4 年的 CTO，帮助台积电获得了超越三星和英特尔的先机。

事实上，在胡教授去往台积电之前，他还做了一件事情——攀登珠峰。他回忆当年的经历说："当然，到了基地，到了我的目的地，我是很高兴。但是，其实我是每一天都很高兴。不管是经过了一个村落，还是路上看到了一只老鹰，这都是我感到很高兴的事情。"也许，对于胡教授来说，人生的意义就来自不断地有新的尝试和享受过程的心态。

中国集成电路产业也需要像胡正明教授这样能起到产学研桥梁作用的关键人物。事实上，强将手下无弱兵，胡教授的得意门生们也以星火燎原之势积极主导着全球范围内新工艺技术的研发，甚至改变着整个集成电路的产业格局。

薄弱环节与安全性

芯片安全一直都是芯片产业链中常被提到但又总被忽视的问题。事实上，整个集成电路产业链中环节繁杂，参与人数众多，多种防不胜防的监控手段使得芯片安全不可能达到"严防死守"的预期。不过这倒可以让我们从更多的角度来了解集成电路的产业链，通过"查缺补漏"的方法讨论产业链的"鲁棒性"，即思考如下问题：从安全角度考虑，芯片从设计到制造的过程中，有哪些环节会存在潜在的漏洞。

首先是上游的晶圆制造，作为集成电路的地基，几乎所有晶体管的 bulk 端（体端）理论上都应与晶圆衬底相连接。因此，无论是材料缺陷程度，还是具体晶向都决定着最终芯片性能的"天花板"。拉单晶的时候有任何的干扰，都可能使将来芯片的性能出现隐患。比如，功率器件的经时击穿检测要几百个小时，少量产品抽检还可以，但如果每个产品都这样耗时费力显然是不现实的。这也同样意味着不是所有产品都能够通过完整的检测，如果在晶圆片上埋下祸根，就等于把芯片放在了一个定时炸弹上，任何时候都有可能出事。

其次是设计部分，无论是模拟电路还是数字电路，晶体管都存在着寄生效应。从"闩锁放大"到"天线效应"，这些部分都会让后仿真和测试结果与前仿真相比大打折扣。更难以根除的问题在于，如果参考电路特别是设计电路时参考版图中存在着人为刻意修改之举，那么这种问题在上百亿个晶体管的芯片世界中，就如同大海捞针一般难以根除。加上流片截止时间的紧迫和并行任务的繁重，工程师们某种程度上能够如期交付符合设计要求的成果已实属不易，难以有充足的时间去仔细思考电路中某些异形设置的具体原因。这很有可能在电源管理、输出天线信号耦合等地方给芯片留有后窗。

再次是在制造过程中也存在着被"暗算"的可能性。当拿到理想的测试结果之后，并不是所有的公司都能够压抑住兴奋的心情，仔细研究扫描电子显微镜图后再发货。民用产品"说明书"中也缺乏"防监控有关的安全性"说明。在宣传会上，宣传的是产品的性能和功能，但过渡设计带来的潜在危险少人提及。

芯片设计和制造领域有这样一句"名言"：如果你觉得某个环节可能存在问题的话，那么将来它就一定会出问题。潜在问题会逐渐发酵，最终有一天会量变引起质变。

即使整个过程中都是正向设计且垂直整合制造的（integrated design and manufacture, IDM），可有的时候还是"道高一尺魔高一丈"。很多侧信道攻击的方法虽然无法直接获取精准数据，但依然可以在得知具体应用软件的使用习惯，外加监测芯片的温度和功耗的变化情况下找到相关规律，推测出使用者的定位和正在做的事情。

斯坦福曾经做过一项实验，通过分析被测者手机的耗电量即可推测出手机信号的强弱，同时，通过长期跟踪获得的数据与事件的相关性，最终成功分析出手机的精准位置，进而判断出对方正在做的事情（如驾车到了哪里）。时至今日，当戴着健康手环，在朋友圈里内卷跑步步数的时候，这些漏洞仍然存在于你我的手机中。某种程度上，它比你自己还了解你自己。

因此，在研发产业链关键技术环节的基础上，还存在着安全隐患的薄弱环节这条"暗线"。只不过这条暗线往往在"小车不倒只管推"和"击鼓传花"的侥幸心理下，在工作中是最容易被忽视，也是将来造成巨大损失的祸端。

目前，虽然有研究机构采用电磁信号分析的方式来寻找异常，但就像某些汽车会在检测站"变身"一样，很多漏洞会很有心机地在无人监管（甚至是关机）的情况才曝光使用者的隐私，哪怕那天的天空是那么的蓝。

因此，所谓的"产学研"意味着要举全国之力在集成电路的关键环节上下功夫。这些中国集成电路急需解决的薄弱之处不是靠一两个大企业就能够"IDM"的。

4. 探索共享 IDM 商业模式

IDM 的缘起

还记得之前提到的桑德斯说过的名言:"Real men have fabs（真男人是有晶圆厂的）"吗？还记得乔布斯一体化的苹果手机设计理念吗？事实上，万物的设计思想是相通的。IDM 模式（垂直整合制造）最早起源于军工，出于保密，凡事自然小心为上，特别是探索高精尖的技术更是怕走漏一点风声。

对于商用集成电路来说，则是源于仙童那一代，因为当时都是靠做晶体管起家的，最重要的不是设计出来，而是通过不断的工艺优化和创新把晶体管做出来。20 世纪 60 年代，由于物以稀为贵，只要做出来一个晶体管就价值几百美元。到了集成电路出现的几年间，基本上做出来一个晶体管就被抢走一个，甚至连良率不高的废品都有人当宝贝一样趋之若鹜。在当时人们的眼中，集成电路就像未来科技一样令人着迷和浮想联翩（就像现在的量子芯片一样）。

在早期硅谷芯片设计者的眼中，设计与制造本身就是一体的。准确地说，像 IBM 这样的公司当年完全是"自产自用"，甚至集成电路只是被当作一个比较高级的配件而已，哪有让外人来插手制造的道理。而且，当时芯片设计者的看家本领就是工艺，与电路图相比，版图是他们更加熟悉和感到亲切的"老朋友"。就像第一章提到的法金一样，与其说他们在搞技术，不如说他们在其内心深处更觉得自己是在搞艺术。就像艺术家不容他人染指自己的画一样，优秀的工程师怎么能放心让别人越俎代庖制造心中完美的艺术品呢。因此可以说，IDM 模式在当时看来几乎是理所应当的事情，就像现在的设计公司理所应当地把 gds 文件发给代工厂一样。

人们往往在很短的时间里，就能把一件事情当作常态。事实上，如果仔细回顾历史就会发现，无论是思想、设计理念、管理制度、工作习惯、相处之道，还是由此产生的产品都会在几年里，甚至几个星期内让人习以为常。

以动态的眼光看，随着集成电路工艺的成熟和发展，几乎无法相信有一位全知全能的专家可以对本领域的所有东西都时刻掌握并如数家珍，更何况集成电路本身就属于应用科学，在不同的应用场景中不同领域的知识又互相渗透和重叠，因此它必然发展成类似医院里不同科室诊断的形式，由不同的同行来各司其职，共同促成一个整体庞杂的系统工程。

纵观现在，IDM 模式的企业已经所剩无几，反而是各个产业链环节与代工厂的互动愈加频繁，看似中游的制造环节却逐渐渗透到上下游，因为芯片好不好，要等造出来之后再评价。连英特尔这样的老牌 IDM 类型企业都跑到台积电去"释放产能"了，更别提 AMD 了。

当然，刚才提到的"外面做得比自家还好"的情况主要还是集中于集成电路领域，特别是数字电路中。其中一个重要原因就在于数字电路结构相对整齐，IP 核（知识产权核或知识产权模块）已经像成型的积木一样付费即用。更重要的是，大规模的数字电路目前都采用行为级描述语言对电路功能进行定义，最后通过网表综合的方法来绘制电路和版图，即不用懂画版图，只要根据设计要求把芯片所要完成的所有可能性结果都描述完整，仿真符合要求，强大的 EDA 软件就能够为你完成后续的电路自动布局布线以及版图的绘制，否则对于一颗芯片里就上百亿个晶体管的数字电路来说，就是数数也要花个上千年的时间。像模拟电路那样一个一个去画数字电路中的晶体管，显然是不现实的。

IDM 消亡了吗?

难道 IDM 这种垂直整合的运作模式即将因此消亡下去吗？事实上，IDM 并不是没有其优势，桑德斯的话还是有道理的。

虽然台积电的虚拟制造可以满足大客户的要求并实现积极的沟通，但在沟通过程中必然有所保留。一位阿斯麦尔的工程师就曾透露，与其他公司把外派的工程师仅当成一个处理问题的修理工相比，台积电接洽的工程师对上游友商是很谦虚的，他们会拿一个小本子向你请教很多技术问题，其态度之诚恳让你有种知无不言的冲动。不久你可能就会发现，他们会积极消化你的反馈去进行改进，从而使得同样一个光刻机在台积电就是比别的地方好用。如果这种交流继续深入下去，台积电将成为全球顶级芯片技术的备份信息中心。

这不是一句"我们只专注于制造，不会与上下游竞争"就能让人安心的。因此，出于安全性考虑，对于最核心技术对应的集成电路，一般有能力和财力的公司都是"自己造芯才放心"。虽然代工厂有保密协议和加密程序，但只要有人的地方就会存在信息的传播，为了最大程度上延缓核心技术外泄，英特尔永远都不会把最重要的芯片交给代工厂来做。

事实上，无独有偶，除了生产各种处理器的英特尔，以图像传感器为产品的索尼和三星也觉得"自家的床睡起来最安心"。不仅如此，它们可以在 IDM 模式下将自己在设计、生产过程中的各种信息最大限度地反馈给设计部门，以此缩减设计周期，实现学习曲线斜率的最大化。只不过这往往只适用于财大气粗的占市场份额前三名的公司。对于排名后几位的公司是"无福消受"的。

因此，IDM 的本质在于自主把控，它更适合于芯片专业性较强的公司。在中国，以 MEMS 为例，基本都是先有制造再有设计的发展模式。从代工帮别人贴牌开始做起，等技术有所积累之后逐渐建立自己的设计队伍，以谋求实现更高的附加值。基本是一类产品配一条专属的生产线，并不会像数字电路和模拟电路一样，只要属于同一种制程，用一样的库（library）文件就可以共享同一条生产线。

方兴未艾的 CIDM

那么，其他挤不进前三名的小公司就无处着手了吗？答案也不尽然，有挑战的地方就有创新。事实上，一种 CIDM（commune IDM）模式正在探索中发展。

与一家独占的 IDM 模式不同,为了平衡产能和成本,几家或者十几家拥有相同开发产品的公司可以采用"共享"的方式,建立从设计、研发、生产、封装、测试、营销到最终产品销售的全套平台。

以 TECH 为例,它由美国德州仪器、惠普、新加坡经济发展局、日本佳能(Canon)4 家公司共同投资组成。其共同的目标产品是满足以自身需求为主的 DRAM 存储器。当然,合纵连横是竞争中的常态,但这种方式也面临着团队内部是否齐心以及被其他公司封堵的考验。虽然 TECH 在成立不到 2 年就实现盈利,但最终在 TI 撤资之后被美光收购。而团队成员之间的有效沟通也是 CIDM 模式面临的巨大挑战。

在中国,以张汝京先生为首的开拓者们正积极地在全国各地尝试着此种模式,无论成功与否,都可以为整合中国的产业链、加强国内外的技术合作奠定良好的基础。虽路漫漫其修远兮,吾仍将上下而求索。

事实上,抛开 CIDM 和 IDM 模式的狭义定义,我们来看这样一个让大家既熟悉又陌生的例子。

欧洲空中客车 A380 的机身来自德国汉堡工厂,尾翼出自西班牙加的斯,发动机由英国罗罗公司提供,而总装则在法国的图卢兹完成。在交付之前,曾经犯过严重的拖延症。其中一个让人啼笑皆非的低级错误竟然是英国和法国公司使用的第 5 代设计软件 CATIA 无法与德国和西班牙公司的第 4 代软件兼容。除此之外,等各部件好不容易制造出来了,结果运到图卢兹却发现电缆无法连接。就算用"好事多磨"来自我安慰，可等到交付使用的时候，各大航空公司却发现疫情来临，出国需求骤降，空舱位太多，根本装不满乘客。加上同一赛道的 747 已经俘获了乘客的芳心，各大航空公司也采用中型客机的有效规划与管理实现了运营成本的降低，最终使得 A380 这个曾经风生水起的国际远程航班的弄潮儿英雄无用武之地，不得不干起国内航班的活儿。

无论采用 CIDM 模式还是 IDM 模式，其本质都与外部的市场变化、国际政治关系，甚至是突发状况息息相关，绝对长期的最优解是不存在的。

其实，绝对的 IDM 公司是不存在的。就算英特尔、三星这样的业内翘楚可以最大程度上实现看似全套的 IDM 模式，但随着芯片制程的不断缩小，也会陷入设备成本不断提高的窘境。1 台阿斯麦尔 3 nm/2 nm 级别工艺的 High-NA 量产型 EUV 光刻机就要 3.4 亿美元。

纵观整体资本开支，2022 年仅台积电一家就预计将达到 400 亿～440 亿美元。为此，即使对需要流片的 Fabless 公司的"大佬们"也不得不从设计新设备和新工艺之初，就采用融资的方式凑钱投入到科研中，等成果出来后共享新技术的红利。等各自带回家后再根据具体情况优化或量身定做最适合自家产品的衍生技术。

欧洲的非营利性组织微电子研究中心（Inter-University Microelectronics Centre，IMEC）就是这样的研发平台。它位于比利时鲁汶大学附近，在 1984 年成立之初只是鲁汶大学的一个微电子系。其定位为研究超前产业 3～10 年的微电子和信息通信技术,并逐步发展成为领先全球的国际化研究机构。特别是在半导体工艺领域,无论是英特尔、三星还是台积电都在这里参与荷兰最新的阿斯麦尔的光刻工艺研制。投钱人人有份,成果自然各取所需。至于谁做得最好,那就看自己之后的"修行"了。

如图 5-18 所示,左图为三星 2016 年 14 nm 工艺制程,右图为英特尔 2011 年 22 nm 工艺扫描电镜(scanning electron microscope,SEM)图。二者都是以 FinFET 晶体管作为单元来构建集成电路,都制造出了 FinFET 相应的栅极和 Fin 构成的源极和漏极,但在工艺细节上是存在差别的。

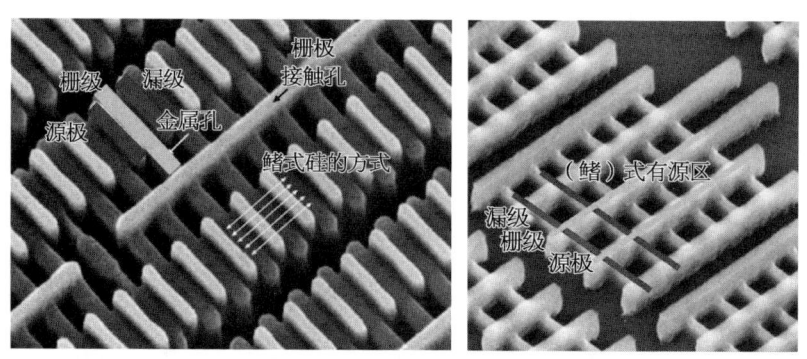

图 5-18 三星(左)和英特尔(右)的 FinFET 对比图

即使是对外宣传的相同尺寸的工艺,三星和英特尔在具体数据上也是不同的。从表 5-2 中可以看出,无论是 3D 的鳍状有源区 Fin 的尺寸(fin pitch)、栅长(gate length)、栅极与氧化层接触面积(contact gate pitch)、最小金属引线宽度(minimum metal pitch),还是试制的 6 管静态随机存储器的面积（6T SRAM area），英特尔在 14 nm 的工艺上都略胜一筹。

表 5-2　三星与英特尔在 14 nm 工艺上的差异

特　征	三星 14 nm	英特尔 14 nm
Fin 的尺寸（nm）	48	42
栅长（nm）	～30	～24
栅极与氧化层接触面积（nm）	78	70
最小金属引线宽度（nm）	67	52
6 管静态随机存储器的面积（μm^2）	0.08	0.059

这些体现"修行在个人"的差异。每一次工艺的更新换代都潜藏着头把交椅易主的可能性。因为随着制程缩小到 10 nm 以内，各家代工厂比拼的就不仅仅是应用科学，而是对前沿基础科学的重视。

从 FinFET 开始，晶体管的模型分析理论就已经投入到了"量子力学"的怀抱。过去的电流、电荷、界面态和热载流子等非量子模型对晶体管 IV 特性的预测与实验结果之间的差距已经越来越大。在科研领域，每当实验结果一再重复证明理论存在问题，我们就要勇于对理论提出挑战，尝试对原有公式进行修正，甚至是颠覆性地"另起炉灶"。

因此，在这种情况，只有从量子应力分析的角度才能得到最合理的解释。"遇事不决，量子力学"在科研领域有时并不见得只是一句调侃，而是进入纳米研究领域后的必然。至于哪家制造工厂能首先摘得科研转换的成果，一切都要等到 2030 年之后再揭晓了，也许永远都没有定论。总之，一边是激烈的专利之争和技术壁垒，一边是强强联合和荣辱与共。共享行为随着半导体市场的变动而在不断动态上演着"合作与创新"。

5. 合作与创新

合作起源于人员的流动

看到最后这一节的时候，本书的旅程就要告一段落了。在这之前请大家思考这样一个问题：这本书里提到最多的芯片公司和科研院所有哪些呢？

作为作者，写到尾声也不禁回顾：这其中既有美国英特尔，又有日本的NEC与韩国的三星，还包括欧洲的IMEC。说得最多的可能还是台积电和中芯国际。之所以以这些圈内外都耳熟能详的大公司和科研院所的"芯事"作为立论基础和分析案例，是因为这些公司都有着需要我们积极借鉴的宝贵的成功经验和更加宝贵的失败经验。

我们不仅需要学习英特尔创始人的敢想敢干和企业家精神，还要深刻思考亚洲邻居们的起起伏伏和前车之鉴，更需要借鉴欧洲基于现状务实的发展范式。我们既要购买日本的二手设备，也要请他们的老师傅发挥余热，做到不拘一格降人才。而更深一层的是，我们希望与传统集成电路产业的叙事稍有不同，换个角度，针对这些公司里的人而不是公司本身这样一个想象中的共同体，来阐述集成电路技术的发展脉络。

其实，我们在写书的过程中也在不断地思考这样一个问题，那就是，对于中国集成电路来说，如何促成高效、快速和精准的国内外合作来实现中国芯片产业链的建立。然而，实事求是地说，通过阅读多部相关图书、查阅大量的专利和期刊论文，以及前往多地走访和考察，我们发现并不存在着想象中的一条所谓的捷径和最优解。也许我们应该思考一个更为现实的根本性问题：对于集成电路产业的良性发展，到底什么才是最重要的。如果非得用一个字来说的话，那就是"人"。来自全世界各个地方的"人"。

事实上，如果你到上面提到的这些公司走访的话，将会看到来自不同国家和地区肤色和发色各异的员工们。他们各有所长，各司其职，都在为"造芯"这件事情而努力着。即使他们本人可能并没有多认同公司的企业文化，甚至仅仅是为了养家糊口和关键绩效指标（key performance indicator, KPI）而工作，但是他们共同的努力促成了公司的繁荣。事实上，并不是所有的伟大发明和发现都源于兴趣使然，更多的是一种责任感和做事风格。

就像谦逊的摩尔本人所说的那样，他并不懂 4004 的设计，是万千工程师和研究人员的实干才促成了以他名字冠名的伟大愿景的延续。奠基人和开拓者固然伟大，也更容易被后世尊崇得"高山仰止，景行行止"。在社会舆论的推波助澜下，每个人似乎都妄想成为金字塔顶尖的那个自带光芒的人。然而，当我们用扫描电子显微镜去聚焦某些鲜活个体的时候就会发现，就像集成电路中的每一个晶体管一样，想要性能和功能保持正常，真的是"一个都不能少"。

换个角度，也正是一些人才的流动才使得半导体技术不会像一潭死水一样同质和固化。虽然有所谓的技术保密协议，但明眼人都看得出来，"留得住人留不住心"。在新的公司里，为了越过所谓的专利围堵和专业领域限制，才有了下一代技术和边界的突破。前不久，台积电就曾预言，2050年将量产 0.1 nm（原子维度）晶体管做成的集成电路。因此，就像第一章开篇中所提到的，某项技术可能会存在一个或多个可追根溯源的发明人，可发明一旦诞生，它的演化就不再为发明者的意志所左右。

也许一项技术会随着时间的流逝而被尘封，连它的第一发明人都不再被历史和世人所铭记，但它所传承的思想会影响下一代成果的"破茧而出"。虽然个别发明人的突出事迹会被传为佳话，甚至被专业领域奉若上仙，但那些在公司研发部门默默工作的科研人员和到期刊投稿发表论文的学生都有可能是继承或颠覆其想法的关键性人物。即使他们的成果被冠以不同的第一单位，而且该单位也不会在发布会上提到他们的名字，但技术能够发展和创新的前提正是一代代工程师新旧理念的碰撞与较量。

被苹果砸中头的不仅只有牛顿，还有千千万万个勇于尝试的"众生"。而促成这种传承的前提正是合作与交流，这种交流不见得一定是面对面的讨论，更可能是一种"神交"。在这样的广义范围内，它可能发生在某一堂专业课的问答中，发生在一个刚刚跳槽过来的新人欢迎会上，发生在苦思冥想后对某句话的顿悟，发生在某个意料之外的实验后，发生在某篇综述性论文的阅读中，发生在某个无事可做而突发灵感的时刻，发生在一个错误却美丽的会意中，发生在千千万万个连接着过去与未来的"当下"。

也许名字不再重要，重要的是除了生物和文化基因之外的某种技术基因的延续，哪怕它在当事人看来是如此的不经意和微不足道，但没有这一步作为其中的一环，历史就要等待再等待下去。

真正推动变革的"第一因"

纵观微电子领域近70多年的发展史，虽然现在很多论文都想要先声夺人，但大部分的论文随着时间的流逝已经沉淀下去。短期内高质量的学术成果确实给作者和单位带来了实在的回报，但真正有价值的专业成果却屈指可数。

事实上，这个世界本就不以个人的意志为转移，无论这个人在当时看起来多么有成就，拉开历史的大幕，他可能连名字都不在"演职人员列表"中。但如果从客观角度看的话，某些无名者却很有可能意义非凡，即使在成功者的正史中根本不会被提及。

他们是同样参与了集成电路发明的库尔特·莱霍韦茨（Kurt Lehovec）、伯纳德·奥利弗（Bernard M. Oliver）和哈威克·约翰逊（Harwick Johnson）（如图5-19），教科书上介绍电流镜时很可能不会提到的罗伯特·威尔达尔（Robert Wildar），改良了晶体生长技术的戈登·蒂尔（Gordon Teal）和真正做出第一个有效 PN 结的摩尔根·斯帕克斯（Morgan Sparks）（如图 5-20），设计了 256 位静态随机存储器的 H. T. Chua 和将其真正转为可量产芯片的比尔·赫恩登（Bill Herndon），横向晶体管的华裔发明人林

图 5-19　集成电路发明者们
左起：诺伊斯、霍尔尼、基尔比和库尔特·莱霍韦茨

图 5-20　戈登·蒂尔（左）和摩尔根·斯帕克斯（右）

鸿璋（如图5-21），设计了低功耗高增益差动放大器μA741的戴夫·富拉格（Dave Fullagar）（如图5-21）和马丁·阿塔拉（Martin Atalla）（如图5-22），以及共同发明MOS晶体管的韩裔科学家江大原。正是这些来自不同国家和地区的响当当的名字才使得半导体产业"群星闪耀"。

图5-21 林鸿璋（左）和戴夫·富拉格（右）

图5-22 马丁·阿塔拉（左）和江大原（右）

竞争是另一种合作

一位"老清华"曾经说过：清华人有个习惯，一个就是互相比，一个就是互相帮。单独比起来，谁都不服谁。但是一旦想要构筑成一个能发挥更大影响力的集体，就需要互相扶持和提携。正所谓"若要佛法兴，除非僧赞僧"。而在集成电路这个领域，即使在美国公司的工程师面试上，也经常上演着师兄问师弟答的一幕。

我们经常拿想象中的某个印象去概括某一类群体，然而，当你真正与他们接触后就会发现，这些人不仅是一名后端工程师，还是一名足球好手；不仅是一位电路方面的资深专家，还是一位钢琴爱好者；不仅是一位工艺线上的设备工程师，还是一位很会带孩子的父亲；不仅是一位热爱教学的专业课老师，还像喜欢《费曼物理学讲义》一样爱好文学。就像我们不能把达·芬奇狭义地定义为"画家"一样，从事芯片乃至在各行各业工作的人们都是"virtuoso"（既译为多才多艺的大师，又是某 EDA 软件画版图的工具名称）。

本节主要针对的还是初创或者力图转型的创新型企业。在这样的企业里，最需要的不是一团和气或者一团杀气，而是敢于直言的人，只有他们才能激发出更好的想法。而无论是在仙童初出茅庐的威尔达尔，还是看到 iPhone 像黑莓手机一样不尽如人意的原型机的乔布斯，都说过几乎一样的话。

就像波·洛耶克（Bo Lojek）在《半导体工程师的历史》一书中所说："创造者本身在任何创造过程中都是至关重要的

因素。无论是谁,他们都有一个共同的特点,那就是具有无畏险阻、克服困难的强烈意志。"

事实上,由于动摇了某些人的既得利益和安稳的现状,任何创造之举都将面临不同程度上的遏制。人类行为学研究表明,富有创造力和缺乏创造力的群体之间存在着一个显著的不同,那就是富有创造力的人并不会受到传统思想的约束,也不会为了迎合他人而故作姿态,他们更愿意相信自己的所思所想。

因此,这些人很容易在团队中扮演麻烦制造者的角色。他们经常不按常理出牌,他们的做事方法、风格、控制欲和脾气都是不能按常理来解释的。与普通人相比,富有创造力的人分析问题的方式也是与众不同的。他们有着更为宽广的思考空间和更多的维度,可以在同一时间里想到更多的事情。他们更愿意以更加开放的心态接受新的事物,冒更大的风险。富有创造力的人往往在本专业领域有很深的造诣和更高阶的经验,这使得他们一旦确定目标和方向就会毫不动摇地坚持到底,不达目的誓不罢休。

然而,这往往会产生两种非常极端的结果,要么一鸣惊人,要么一败涂地。他们的性格通常内敛、独立,甚至有些自大、反应过激和到处树敌。但在强烈成就感的驱使下,富有创造力的人会以极大的自信和充沛的精力去挑战现有的公司体制和管理者。这样的工程师即使被误解成问题员工,甚至给公司造成损失,也不会主动告诉他的顶头上司自己要尝试的创造性工作。在没有得到认可和支持的情况下,这种破坏性在外人看来甚至会变本加厉。特立独行的行为往往会导致两种结果：要么规则被改写，要么（大多数情况下）将坏事者从组织中分离出去。

在新的团队中，由于知识和专业能力的权威性，创始人会重新制定自己的规则。但随着公司业务的拓展，这些人反而会由于公事缠身而与曾经热爱和熟悉的创造性科研工作逐渐脱节，进而失去敏锐的判断力。除非他们能够逐渐适应这种改变，否则灵活扁平的创业环境最终将沦为跟当初离开的公司一样僵化的管理模式。但这也没什么大不了的，只不过是拉开了另外一群"叛逆者"开启新一轮创新周期的序幕。

在科学领域，一代代的创新者正是由于对研究的独到见解和对成就的渴望而激发的求真探索，才与保守的上一代发生冲突和竞争，而历史的天平也往往最终倾向于顺应时势者的一边，就像将来会倾向于反叛他们的下一代创新者一样。

某种程度上可以这么讲，与其说是合作，不如说是他们之间的竞争造就了整个芯片产业的"动态平衡"。他们在不同时段做着同样的一件事情——催生着集成电路产业在技术和管理体制上的推陈出新和更新换代，也正是如此，一段段围绕芯片的故事才得以不断上演历史性的"押韵"与"新意"。

参考文献

[1] 谢志峰,陈大明.芯事:一本书读懂芯片产业.上海:上海科学技术出版社,2018.

[2] Leslie B.The Man behind the Microchip: Robert Noyce and the Invention of Silicon Valley. New York: Oxford University Press, 2005.

[3] Kilby J S. Miniaturized electronic circuits: US, US3138743 A. 1964.

[4] Noyce R N. Semiconductor Device-and-Lead Structure, Reprint of U.S. Patent 2,981,877. Solid-State Circuits Newsletter, IEEE, 2007, 12(2): 34-40.

[5] Hevly R. Special Issue: Engineering in the Twentieth Century // The Chip: How Two Americans Invented the Microchip and Launched a Revolution by T. R. Reid. Technology and Culture, 1986, 27(4): 873-875.

[6] 林宏文,刘祥亚.三星的逻辑:只有第一才能生存.北京:东方出版社,2013.

[7] 马隆,黄亚昌.三位一体:英特尔传奇.杭州:浙江人民出版社,2015.

[8] Laws D A, Riordan M. Making Micrologic: The Development of the Planar IC at Fairchild Semiconductor, 1957—1963. IEEE Annals of the History of Computing, 2012, 34(1): 20-36.

[9] Hsiao T I, Li C I, Chen P Y, et al. Method for Fabricating Transistors:

U.S.Patent 2108359. 1963-10-29.

[10] Berlin L, Jr C C. Robert Noyce and the tunnel diode. IEEE Spectrum, 2005, 42(5): 49-53.

[11] Faggin, F. The MOS silicon gate technology and the first microprocessors. La Rivista del Nuovo Cimento della Societa Italiana di Fisica, 2015, 38(12): 575-620.

[12] Moore, G E. Cramming More Components Onto Integrated Circuits. Proceedings of the IEEE, 1998, 86(1):82-85.

[13] Moore G. The Future of Integrated Electronics. 1964.

[14] Moore G E. Lithography and the future of Moore's law. International Society for Optics and Photonics, 1995.

[15] Moore G E. Progress in digital integrated electronics. IEEE Solid-State Circuits Society Newsletter, 2009, 11(3): 36-37.

[16] 王阳元. 集成电路产业全书. 北京：电子工业出版社, 2018.

[17] Pugh E, Johnson L R, Palmer J H. IBM's 360 and Early 370 Systems. MIT Press, 1991.

[18] Anand S A, Saxena N. Speechless: Analyzing the Threat to Speech Privacy from Smartphone Motion Sensors//2018 IEEE Symposium on Security and Privacy (SP). IEEE, 2018.

[19] Yan M, Nakibly G, Nakibly G. Gyrophone: Recognizing Speech from Gyroscope Signals// Usenix Conference on Security Symposium. USENIX Association, 2014.

[20] 吴玲，赵璐冰. 第三代半导体产业发展与趋势展望. 科技导报, 2021.

[21] 商业周刊. 器识 张忠谋打造台积电攀登世界级企业的经营之道. 商业周刊, 2020.

[22] Mcdonald C J. Copy EXACTLY! A paradigm shift in technology transfer method// Advanced Semiconductor Manufacturing Conference and Workshop, 1997. IEEE/SEMI. IEEE, 1997.

[23] Jr R. Achieving high microprocessor manufacturing output-the

Copy Exactly! method// International Electron Devices Meeting. IEEE, 1999.

[24] Montoya R J, Williams G. Transforming Intel factories from global presence to Global Operation!// Semiconductor Manufacturing, 2000.

[25] Terwiesch C, Yi X. The Copy-Exactly Ramp-Up Strategy: Trading-Off Learning With Process Change. IEEE Transactions on Engineering Management, 2004, 51(1): 70-84.

[26] 肖星. 一本书读懂财报. 杭州：浙江大学出版社，2014.

[27] 巴菲特，克拉克. 巴菲特教你读财报. 北京：中信出版社，2009.

[28] Lojek B. History of Semiconductor Engineering. Springer, 2006.

[29] 尚普研究院. 2021年全球半导体产业研究报告，2021.

[30] KILBY, Jack S. Turning potential into realities. International Journal of Modern Physics B, 2002, 16(05): 699-710.

[31] 魏少军，刘雷波，尹首一. 可重构计算. 北京：科学出版社，2014.

[32] Mohammed A. Zidan, John et al. The future of electronics based on memristive systems. Nature Electronics, 2018, 1: 22-29.

[33] Jing, Pei, Lei et al.Towards artificial general intelligence with hybrid Tianjic chip architecture. Nature, 2019, 572(7767): 106-111.

[34] Han S, Wang Y, Yang H, et al. ESE: Efficient speech recognition engine with sparse LSTM on FPGA// the 2017 ACM/SIGDA International Symposium. ACM, 2017.

[35] Merolla P A. A million spiking-neuron integrated circuit with a scalable communication network and interface. Science, 2014, 345(6197): 668-673.

[36] Akopyan F. TrueNorth: design and tool flow of a 65 mw 1 million neuron programmable neurosynaptic chip. IEEE Trans. Comput. Aided Des. Integrated Circ. Syst. 2015, 34: 1537-1557.

附录 1　谢志峰访谈

集成电路产业需要 70 万从业者，每年高校毕业生能进入这个行业的不足 5 万，年轻人更愿意去互联网

最近几年，芯片产业从无人问津到成了"网红"，但谢志峰认为，大多数人仍然不能够真正理解芯片。"那么多人找过来，很大一部分是因为大家觉得芯片热度起来了，都想去试个水，以前太阳能、LED 都火过，后面不也'死'了一大片吗？"

谢志峰在集成电路行业经验丰富，1988 年他加入美国英特尔第一芯片研发中心，和其研发团队曾获得过英特尔公司 1990 年度最高技术成就奖。此后，他在新加坡特许半导体出任高管。2000 年他回国参与了中芯国际的创立，后来中芯国际成为中国内地规模最大、技术最先进的集成电路芯片制造企业。可以说，他见证了芯片产业 30 年的发展。

三联生活周刊：我们应该怎么理解芯片在日常生活中的重要性？

谢志峰：一般人总是觉得芯片是神秘且高大上的东西，事实上，我们每个人的生活都离不开芯片。我们的电脑、手机能够工作，是因为芯片在起作用；飞机、高铁的运行也离不开芯片，更不要说我们的家电，也都是芯片在控制着所有的动作。我现在用得比较多的是智能音箱，我跟它说话，它就能控制开灯、关灯、放音乐，告诉我天气怎么样、出门路况如何，它们也是在芯片的控制下工作的。这样一讲，你就明白芯片的重要性了。

那么，芯片究竟是什么呢？简单来说，芯片是由很多微型开关组成的，在我们数学里面，开就被定义为1，关就被定义为0。从原理上来说，芯片就是这么简单，它是由无数个开关组成的集成电路，具有很多计算和逻辑判断的功能。我们的手机能够拍照片、能够放音乐，都是由这些集成电路不同的功能达成的。但是，芯片的制造又是非常复杂的。

为什么这样说呢？因为每一个开关的尺寸都小到让大家觉得不可思议。我举个例子，大家都知道头发丝很细，但在一根头发的直径尺度里，我们能做5 000个开关。这么小的开关，肉眼、显微镜都看不到的，必须要用到电子显微镜。正是因为它们这么小，所以我们能够把大量的东西集成在单个的芯片上。集成的过程中，需要不断地掩膜，这是把程序不断做进去的过程，使我们的芯片拥有更多的功能。以前65 nm的芯片掩膜只要做40层，现在7 nm的芯片需要做85层。

三联生活周刊：从65 nm到7 nm，再到现在的5 nm，芯片的产业发展很迅速了。

谢志峰：1979年我读大学的时候，我们整个大学只有一台计算机，所以我4年里只有3次使用计算机的机会，每次是20分钟，电脑稀缺到这个程度。当时计算机里面是没有芯片的,现在我们每人一部手机,与当时相比相当于超级电脑,它的计算能力大概是我大学那台计算机的1万倍。我们现在都离不开电脑和手机,一天不带手机出门就像丢了魂一样。现在想想都有些不可思议。

我们在这个产业有一个理论叫摩尔定律。它是讲每18个月,你的技术要更新换代一次,成本要降一半。从经济学角度来说,在其他产业是不可能做到的。但这就是芯片产业的现实。你投入了18个月以后就必须要做新东西了,18个月都没做出来,人家已经走下一代了。现代集成电路是由杰克·基尔比在1958年发明的,这样算一算,中间有多少个18个月。这是一个高速迭代的产业。每一次迭代都需要足够的资本投入、人力投入和技术投入。如果你没有投入,就注定会被落下,所以我们都说,芯片产业是资本密集、人才密集、技术密集并且高速发展的产业。

三联生活周刊: 中国发展所需要的芯片进口额度已经超过了石油,您怎么看这一点?

谢志峰: 从1978年开始,我们很多产业都比较落后,没有办法跟某些国家相比,然而从头做又太慢了,于是就引进买来用。我们先是引进了彩电生产线、汽车生产线,后来就是集成电路生产线,这些都是别人认为落后的技术,对我们来说却是宝贝,那时候我们的集成电路技术比国外落后20年左右。

从2013年开始,中国连续5年进口的集成电路的价值超过2 000亿美元,大概是我们石油进口的2倍,根本原因还是在于中国不能自主生产和设计芯片。大家比较熟悉的是计算机系统用的芯片，譬如服务器、个人电脑这些设备要用的芯片市场都是被 Intel 和 AMD 公司垄断的。高铁使用的 6 000 伏特电压的这种功率器件也是以进口为主。

芯片的整个生产分为 3 个阶段，设计芯片、制造芯片和封装测试芯片。这 3 个阶段是一个非常长的产业链。中国最强的是封装测试以后使用芯片的这个过程，我们用芯片做成了手机，做成了电脑，这并不是说我们这样做就完全不可以。我们把一个技术上的成果转化成产品，这也是一个产业链的必需环节。我们生产了全球 80% 的手机、80% 以上的电脑，还有 60%～70% 的电视等。

三联生活周刊： 2000 年，您参与了中芯国际的创立，现在它已经是中国内地规模最大、技术最先进的集成电路芯片制造企业。公司的创立和发展意味着什么？

谢志峰： 2000—2004 年是芯片企业创立的高峰期，像中芯国际、华为海思、展讯通信、中兴微成都是在这个阶段相继创立的。这些公司后来都成为中国芯片产业的支柱。2000 年，我们创办中芯国际时，国内的芯片水平离世界先进水平差 5 代，相当于 20 年的时间，经过 10 年的努力，我们离世界先进水平只差 1 代左右。但此后，由于公司亏损，董事会希望我们赚钱。赚钱很容易，只要不投资就赚钱了。我们企业放慢投资，加大生产和销售，连续赚了 7 年钱，但直接导致的结果是，今天公司在技术上落后世界先进水平两三代。

这种情况跟国外是不同的。国内风投看项目必须要有销售额、利润才愿意投，如果只有创新的想法是很难获得投资的；而在美国，有好的创新模式和产品，那些懂行的风险投资是会积极投入的。中国的风险投资大多数更像是无风险投资，而美国的风投对于失败是有预期的，如果有项目亏损也会理解，会坦然接受，只要有部分项目获得巨额回报就是成功。而如果中国的风险投资公司有项目失败，负责投资的人是要被问责的。

所以，做这个行业的人只有两种人能做久，一种就像我这样子"白头到老"的，还有一种"聪明绝顶"的，因为真的很辛苦，这个行业做久了的人，不是秃顶就是急白头，真的很难熬。这也是为什么年轻人都不愿意踏入这个行业的原因。现在看来，集成电路产业现在需要70万从业者，我们现在有40万，还差30万，而现在每年能够进入这个行业的高校毕业生应该不足5万，我们至少需要6年的时间才能满足今天的需求，但这个需求还在不断增加。集成电路产业工作又苦钱又少，所以年轻人更愿意去互联网行业。

三联生活周刊： 那您是什么时候感受到芯片产业在国内又火起来了呢？

谢志峰： 现在很多人来找我们这些做集成电路的人，我们现在是"网红"啊，原来他们不会找我们，媒体也不会找我们。那么多人找过来，很大一部分是因为大家觉得芯片热度起来了，都想去试个水。

芯片的技术含金量非常高，要解决资金、技术、人才和市场4个方面的问题，你才能够进入这个行业，否则任何一个问题都有可能将你打败。你没钱，企业生产不了；你没有市场，做出来的东西没人买。最惨的是，人家买了你的东西，但是你亏钱。

三联生活周刊：亏钱怎么理解呢？

谢志峰：这个很容易理解，本来技术差就大，你好不容易做出来，但市场价格为50元，你的生产成本是100元，人家只能付你市场价50元，你卖还是不卖？

现在全国一哄而上说建芯片制造厂，很多人并不知道，集成电路厂的建设是需要巨额投资的，而且还不是一次性的投资。2014年以来，国家开始加大对集成电路产业的扶持力度，国家集成电路产业投资基金一期募集资金1 400亿元，大家都很高兴，觉得钱很多。我说，1 400亿太少了，它分5年投，每年也就是50亿美元，放在全中国，撒胡椒面都不够，后面加一个零还差不多。要知道，武汉长江存储一家公司的投资，就花了1 600亿元。现在每个地区都喊要投资500亿、1 000亿，喊完以后它就没钱了。

我们还会看到这样的情况，很少有人愿去投资还没有到赚钱阶段的创新型的初创公司。比如说，如果一个项目在上海开始赚钱了，其他地方就来抢，你会发现一个开始赚钱的芯片公司在中国会有好多个点，比如展讯通信在全国多个地方落户了。别人已经做出来的东西，你去跟风是比较容易做成，但跟风的项目主要靠低价去竞争，利润率一般是比较低的。没人去抢真正的创新项目，创新项目的代名词就是亏钱项目。

三联生活周刊： 现在人工智能芯片还挺火的。

谢志峰： 现在人们所称的人工智能芯片，我们行业里并不会这么称呼它，我们会称人工智能加速芯片。加速芯片说白了就是其针对某种应用的计算速度很快。它跟我们平常所说的芯片是不一样的。英特尔的芯片或者苹果手机、华为手机里面用的芯片叫通用芯片，它的功能很多，能够计算，能够录音，也能够拍照片，什么都做。这样的芯片是很复杂的，也很贵。但人工智能加速芯片只适用于某一个场景，是专用芯片，如果它能够做人脸识别，它就没办法去跟 AlphaGo 下围棋。这就像我们人类如果专注去做一件事情，就会做得很快一样。

所以这种芯片不能单独使用，它必须要和英特尔的 CPU 一起用，英特尔的 CPU 就像一个功能很全的人，它要做 1 000 件事情，每件都要做得很好。人工智能芯片只是在某一件事情上快 100 倍、1 000 倍。这样的人工智能芯片全世界铺天盖地，你可以找出几千家，但能做英特尔 CPU 的公司全世界只有 3 家。

三联生活周刊： 那现在来看，中国的芯片产业应该如何发展？

谢志峰： 中国集成电路要发展得好，需要结合国家、民间和市场的力量。国家要为基础研究给政策、建环境、提供人才政策。我认为现在比较可行的，能最快解决进口替代的项目是建设中外合资企业，包括和海归学者一起成立合资公司。国外的技术和国内的人才、资本的结合被证明是可行的。我们可以借鉴一些成功的合资公司案例，像英特尔在大连建厂，然后三星在西安，台积电也在南京建了世界上最先进的 12 nm 生产线。集成电路产业是个全球产业链，全世界没有一个国家能做所有的东西，应该各自找到自己的强项，全球分工合作是最好的模式。

中国真要完全做到进口替代，要先做出一个 20～30 年的计划，过去我们对原材料和基础元器件方面的研发不够重视，投入不够，现在需要重视起来。美国集成电路发展了 60 年才达到现在的地位，所以我们如果能花 30 年赶上去就已经很不错了。况且我们在进步，人家也在进步。我们要做好长期奋斗的打算，坚持不懈，前途是光明的。

本文来源：《三联生活周刊》2019 年第 33 期

中国芯片产业需长远规划和长期投入

半导体工业被誉为科技发展的基石。芯片虽小,却是信息产业的"智慧大脑",也是构筑大国竞争力的核心产品之一。在本次采访中,谢志峰博士主要针对中国集成电路产业的发展和投资阐述自己的观点和看法。

中国经济评论: 目前全球的集成电路(芯片)产业发展是怎样的格局?中国的集成电路(芯片)产业发展处于什么阶段?

谢志峰: 集成电路(芯片)从发明到现在,历经60多年,已经渗透到各个领域,改变了全球人类的生活。集成电路(芯片)产业一般分为设计芯片、制造芯片和终端测试3个板块,支持这3个板块的是材料、装备和工业软件。这是一个非常复杂的体系。目前没有一个国家可以实现全产业链运转,需要全球进行分工合作。中国在20世纪60年代就已经加入集成电路(芯片)行业,那个时候水平还是很先进的,和世界水平差距并不大。但在过去40年里基本是引进国外技术的状态,自主开发的东西非常少,导致中国的技术逐渐落后。我从2000年参与创办中芯国际到现在20年,一直在不断追赶,但和世界先进水平距离还是在拉大,因为头部企业的技术发展速度非常快。

中国经济评论: 在您看来,我们的集成电路(芯片)产业发展和国外的差距有多大?

谢志峰：最先进的技术比如做 CPU，我们叫逻辑工艺技术或者数字电路制造技术，与国外先进水平还有 5 年的差距。整体产业水平差距达 15～20 年。2000 年创办中芯国际时，我们与国外水平相差 15～20 年，经过 20 年的努力，我们把差距缩小到五六年，有段时间追赶到只与国外先进水平相差 3 年。

中国经济评论：中国的芯片产业有哪些环节比较薄弱？最大的欠缺是什么？

谢志峰：在芯片产业，我们最薄弱的环节是制造，但制造要靠材料、装备和工业软件支撑，所以真正薄弱的还是装备、材料和工业软件。目前这些基本都是进口的，并且我们的基础比较差。这 3 个行业都需要几十年磨一剑，大约 20～30 年的积累。

中国的研究大多是应用型研究，就是已经成熟的技术我们进行成果转换，将其产业化。因为我们的企业和学术是分开的，产学研的结合并不太好，基本是脱节的。企业的芯片研究水平远远超前于大学和科研院所，所以大学和科研院所帮不了企业的忙，他们是跟着企业的技术发展走。

中国经济评论：您认为美国、韩国、日本，包括中国台湾地区在芯片产业方面有哪些值得学习和借鉴的地方？

谢志峰：中国的优势是人才优势，另外中国也有巨大的市场，而其他方面相对弱一些。

美国、欧洲、日本和韩国都是政府主导产业的发展。芯片产业还是要靠举国之力，需要国家加大投入，而中国在芯片发展中投入太少。举个例子,英特尔公司每年投入150亿美元进行技术研发,而且已经发展了50年。中国准备5年内投入1 400亿元的资金,但这么多钱还不如英特尔1年的投入。纵向比较发展是很快,但从横向上看,和竞争对手的投入比起来还是很有限。

另外,应该把企业和研发中心做大做强,而不是把资金分散到全国各地。在高校也需要专门培养芯片和集成电路的人才,根据产业需要去培养人才。

这个行业的待遇并没有对人才构成吸引力,很多人最后都选择去金融、互联网行业。互联网虽然改变了人们的生活,但它的基础还是芯片,如果美国制裁中国,不卖给互联网公司芯片的话,那互联网的硬件基础就没了,这是很危险的。

中国经济评论: 现在中国的集成电路产业已经有比较好的舆论和政策环境,从中央到地方支持力度都很大,您认为政府的支持还欠缺什么?

谢志峰: 政府需要有产业规划,要了解这个产业。根据18个月就要更新换代的摩尔定律,投入100亿下去,下一次要投200亿,这是一个不断增加投入的行业。这个产业从历史角度说,是先亏10年,后面才有机会赚钱。所以这是一个持续投入,不断加大投入的一个产业,而不是投入之后就能自己养活自己。

美国把科技作为战略高地,哪怕亏钱也要做到世界第一。而中国过去太注重经济回报,没有太考虑战略需求。现在中国做得还远远不够,要做到世界顶级水平,人才、技术、储备、制造、材料方面怎么做，需要多多借鉴国外的成功经验。

中国经济评论： 在芯片产业方面，据说有多项浪费补贴的烂尾项目，您认为造成这种现象的原因是什么？

谢志峰： 芯片很重要，各地都想投入。但他们不了解这个行业需要持续投入，并且最大的投入不是厂房，厂房在总投入里占比不到10%，最大的投入是设备，设备是非常昂贵的。有了设备和厂房，还需要有技术来源，否则就会被别人告侵权。

因此，第一，资金要到位；第二，要有技术来源，要买技术；第三，要有经验的几百甚至上千人的团队。但大多数人认为，我先把厂房盖起来，再去融资，这样并没有做好长期投入的资金准备，也没有引进技术和人才，但资金、技术、人才这三大要素一个都不能少，这样才算有入场券。市场在哪里，客户是谁，能不能赚钱？如果这些因素都没有考虑，就匆忙上阵，非常容易成为烂尾项目。

中国经济评论： 您认为未来中国集成电路产业应该走怎样的发展路径？

谢志峰： 韩国和中国台湾地区的市场是有限的，他们需要靠全球市场，他们的资源也是有限的，所以他们会专注于产业链中的一两个环节，但中国内地市场广阔，可以全面布局，并且各地都要有自己的特色，比如北京是以研发为主，上海是以高端芯片代工为主等，各地要专注于这个特色。

每个地区需要有一个未来的长远规划，要全部规划好，再去投入。但现在各地方的芯片产业并不是规划出来的，而是野蛮生长，自然而成的。

另外，设备、材料、工业软件这3个方面要加快补短板，需要长期投入，高校研究所要加入，不能完全靠企业。这些研究不赚钱，需要政府支持研发。

中国经济评论：您现在从事的重点在哪里？

谢志峰：我从事的重点在材料装备和工业软件领域。2016年8月，我创办艾新科技有限公司，专门为半导体产业培养管理人才。因为这个产业的人大多数没有芯片企业的管理经验，中国这样的科技企业在近10年才成长起来，所以我把我在英特尔学习到的实战管理方法教给年轻人。

我主要关注材料装备和芯片设计的创业者，扶持中国最薄弱的材料装备和工业软件的企业，现在有100多个学生毕业，特别好的企业我会拿出钱来给他们用作启动资金，并帮他们在外融资。

目前，艾新校友的50多个项目我只投了5个。主要看个人创业的能力，另外是技术在全球范围内是否有竞争力，中国装备材料和工业软件领域还比较薄弱，一旦做成功就有希望成为国内领跑者。我希望这样的企业能够尽快涌现。

本文来源：《中国经济评论》2020年12月14日

附录 2　赵新访谈

寻找产学引爆点！微电子专业一线教学亲历者的心里话

微电子学专业是以集成电路设计、制造与应用为代表的学科，是现代发展最迅速的高科技应用性学科之一。该专业主要培养掌握集成电路、微电子系统、软件系统的设计和制造工艺，能在微电子及相关领域从事科研、教学、工程技术及技

术管理工作的高级专门人才。

本期我们邀请四川大学微电子系的赵新老师，听他揭秘高校对微电子行业人才的培养机制和未来就业前景；听他分享回到高校教书的原因以及教学设计中的开拓思路；共同倾听他对行业未来的展望和呼吁。

高校微电子系的教师日常工作包括哪些具体内容？

幻实： 非常欢迎赵老师在百忙之中跟我们一起来互动，全职教师在我们的节目中非常少见，请您给我们大家介绍一下您现在具体的工作内容，每天都在忙什么？

赵新： 我目前在川大主要是教课和做科研。具体教的两门课程，一门是微电子电路设计，一门是IC设计基础；一门课程面向大二的学生，另一门课程面向大三的学生。科研任务主要做的是MEMS领域，比如生物传感器和集成电路，另外还有它的接口电路，如ADC电路这些方面的设计。

幻实： 又要教书，又要做科研，这份工作感觉累不累？

赵新： 肯定很累，某种程度上我们老师的科研工作量已经跟企业的工程师差不多了，此外还要教学。如果在教学方面还要做教改设计的话，工作量基本上要翻倍了。大家一般对老师有误解，觉得老师可以放假，你教完课就没什么事了，其实不然，因为当我们科研任务比较重的时候，都是利用假期的时间赶紧补回来，甚至有时在教学完成之后，晚上还要自愿加班，所以高校教师也挺不容易的。

在一线教学时，对学生的培养计划是什么？
国家在这方面的教学机制是怎样的？

幻实： 下面想请赵老师聊一聊在做微电子一线教学时，目前用一种什么方式在培养学生？我们国家在这方面的教学机制又是怎样的？

赵新： 基本上跟其他课程是相似的。

以我们川大为例，大一微电子专业学生的主要学科是高数、英语、大学物理这类课程，与通信类、电子类的差不多。

到大二的时候，川大的特色之一就是会把某些微电子概论、微电子电路设计这些课加进去，要知道原来这类课到大三才会讲。为什么提前到大二呢？其实是为了解决同学们的一个疑惑：我现在学的这些基础知识，比如数字电路与我将来做的专业方向有什么关系？如果同学们长期带着这种疑问学习，很容易出现求学目标不明确、学习动力下降等问题，为此我们选择在大二开设这些课来解决此类长期存在的问题。

大三的专业基础课包括IC设计基础、数字集成电路，还有FPGA等。到大三下半年和大四上半年涉及的课程基本是我们专业课的进阶，增加了一些高级模拟电路的课程，包括一些版图设计与应用。这些课程的细分方向会更多一些，比如说有的老师讲器件，有的老师讲抗辐照，学生可以根据自己将来的发展方向来选择这些选修课。

到大四之后，大部分学生还有一个最重要的学习内容就是复习考研，有的学生还要出国考研。在川大，相关专业学生的考研占比较大，几乎占 90% 以上。

幻实：只有 10% 的学生毕业直接去工作，这比例真是出乎我的预料。

赵新：其实这也很正常，国内的一些公司，特别是大型公司，他们在招聘电路设计员工时，对学历要求很高，甚至有些公司直接要求博士学位。这也就迫使我们的学生为了将来更好的就业，本科之后要继续投入学习。

在指导学生毕业后的就业问题上，集成电路行业是否只需要高学历人才？

幻实：是不是集成电路行业都需要硕士、博士的学历？有没有哪些岗位是本科甚至专科也可以胜任的？

赵新：集成电路并不是所有方向都需要高学历人才，博士毕业也不见得就意味着前途光明，学历有时候只是一块敲门砖。

我举个例子，我本科读书时的班长，他参加了"全国大学生电子设计竞赛"，这是一场基于芯片应用类的比赛。比赛中他做了一个能够实现一些功能的小车，最终他获得了比赛的一等奖。

其实他的学历就是本科，他做的小车中的芯片用到了一家公司的模板，于是就业的时候就去了这家公司，公司对他也非常认可。因为你有相关领域的参赛经验，甚至获得了一等奖，对公司产品又十分熟悉，根本没有理由不要你，对吧？

这个例子说明自身能力其实是最重要的，学历只是敲门砖。从长远发展角度看，特别像我们工科类的发展，博士的能力不见得比有工作经验的硕士强多少。当然这也看个人，个人能力特别强的人，无论工作还是读博期间做项目，都有可能因为资质、能力而有所发展。

另外，哪怕专科类的学生，其实也是有机会的。我读硕士期间在一家初创公司实习，该公司员工不多，非常缺人。这样的公司与大公司相比，做的事情会多一些，可能不仅让你做设计，还要让你做测试，但是自己得到锻炼的机会就会很多，值得一提的是，他们甚至招过经管类的同学去画版图。

幻实：完全没有学过电路设计也有机会去画版图？

赵新：在美国硅谷更有意思，那里的一些企业会专门招艺术类的人才去画版图。他们后来也证明了艺术类的工程师画版图反而比专业的要好，更有美感。因为我们版图对于对称性要求非常高，而我们工程师往往只想它能正常工作就行。其实对称性越好，实际做出的芯片效果就越好。就这一点而言，艺术类的、有美术功底的工程师，他们更敢大刀阔斧地去尝试。

其实不只这个专业，像封测类的专业也是如此，本科学生到了企业可以在短期培训 3 个月后就能上手。这些岗位往往需要你有实际的动手操作能力，不见得一定得做很多研究才行。

幻实：我看到很多半导体公司都在搞岗前培训，甚至有些采用的是师傅带徒弟的方式。哪怕你没有很强的理论基础，只要你愿意学也是有机会的。大家可以去尝试进入半导体产业，不要有那么大的压力。

赵新：我们欢迎其他专业的同学来报考微电子专业的研究

生,或者从事微电子专业的工作。在美国,很多印度裔的工程师都是做数字电路的,但他们原来在印度可能更多在学软件编程。数字电路发展到今天有一个特点,它与模拟电路不一样,模拟电路一定要绘画版图,要对电路结构的仿真原理了解透彻。而数字电路一般用到的是叫 Verilog 的硬件描述语言。相对而言入门比较快,因此有软件工程、具备编程能力的工程师就可以到我们相应的领域去工作。

当然这里必须强调一点,无论是数字电路还是模拟电路工程师,想要做到顶尖,就必须要对版图和计算机的原理有深刻的认知。像通信类专业、电信类的学生其实跟我们也非常相近,我们做一些射频电路的时候是需要这方面的功底的。这些专业的学生如果自己能够弥补版图设计或者 Cadence 软件操作的短板的话,就可以很快上手。

幻实: 现在的 IP 公司、EDA 公司把很多东西都给你打好包了,相对设计起来其实没那么难了。

赵新: 是的。其实 EDA 最需要的是计算机类的知识,就是说你得懂算法,然后你还要懂一些模拟电路的原理,这样你就可以写出对应的软件算法。

高校的日常教学中,教师的教学思路是怎样的?
如何培养学生?

幻实: 我之前了解到您是川大非常受欢迎的老师,您的课很多学生都愿意听。那么您在做教学设计或者在给学生讲课的时候思路是怎样的？

赵新： 我们以本科微电子的培养为例，我们要做的第一件事就是学情分析，所谓学情分析，说白了就是同学们希望老师上什么样的课，希望老师以什么样的方式上课。

幻实： 有点产品定位的感觉？

赵新： 就是解决痛点嘛，当然也不能学生要什么就讲什么，还要结合学校的教学要求，在这个大前提下我们去决定讲什么。

除了学情分析，我们尽量在做的教改尝试是有关产业界的需求。因为现在经常出现一个问题，那就是学生毕业之后发现他学的东西与工作内容不完全匹配，存在一定的差距，因此，我们可能会针对这一点采取一些解决方案。

我们在培养本科学生的时候，正常的教学方式是老师在上面讲学生在下面听，有人做过数据统计，通过这种方式，学生理解老师传达的信息量最多只有75%，也就意味着课后还需要大量的复习才有可能实现100%的转化，学习效率是很低的。还有一种办法，反客为主，即老师变成"学生"，学生上台来讲，让学生多说，老师则担任一个引导的角色。数据显示，采取这种教学方式，学生们的学习效率基本可以达到90%，甚至有人可以达到100%。

具体我举一个例子，微电子学中我们有一个知识点叫 *I-V 特性曲线，它讲的是晶体管的一个漏电流和它输入输出电压的一个关系曲线，这条曲线的一个特点就是很杂乱。根据以往的教学经验，这个知识点是学生比较头疼的难点。为了解决这个问题，针对多个变量同时影响漏电流纵轴的变化部分，我们一般采用多讲几遍的方式，但是我们研发了一个带AR功能的APP，学生只要在手机中安装这个程序，扫描电路图后这个曲线就跃然纸上了。

幻实： 这有点仿真的概念，你们是把学生的电路图提前给仿制出一个结果吗？

赵新： 没错。其实只是一个2D和3D的区别。我们在此基础上还加了两个进度条，当滑动左边的进度条，对应改变的是输入电压（V_{gs}）；当滑动右边的进度条，改变的是输出电压（V_{ds}），如此这般，曲线从不同趋势的改变就一目了然。不仅如此，它还可以实现这些单独变量对漏电流的精准影响，这样我们的学生在认知和了解的时候，就能全方位、多角度、全身心地参与学习，通过这样的方式，学生们就可以很快地了解这个曲线。

此外，现在的大学课堂上，手机的吸引力很多时候给我们老师上课带来了很大的挑战。当你利用小屏让学生去参与这件事情时，他反而不会拿手机做其他事情。而这个APP会长期存在于我们学生的手机中，某种程度上可以成为对他记忆的一个引爆点，当他们每次看到小程序要尝试操作时，在玩的过程中，知识就能得到复习和强化。

赵新老师在哔哩哔哩网站（bilibili）的互动视频（左图）和专业课程"IC设计基础"的简介（右图）

幻实：在研究怎样激发学习兴趣方面确实花了很多心思。这种程序是您自发去做的吗？

赵新：主要的想法都是我想的，我们也会找一些公司共同合作。这里我想给很多老师一个建议：我们没有必要把教学之外的任何创新设计都完全由自己来做，当然你自己能做的话会更好。但如果某些方面你不擅长，你就可以找一些公司去合作，帮你做教改的课件或者设计像我们这样的小程序。

在从事过产业相关的工作后，为什么又选择回高校教书？

幻实：我知道您之前也在产业里工作过，那么您为什么又选择回高校教书？当时对产业有什么样的感受？

赵新：我硕士的时候做过实习，在北京的一家小的创业公司，当时做的就是集成电路、模拟电路方面的一些工作。后来读了博士，其中两年是在复旦，师从黄宜平老师，另外两年是在新加坡南洋理工大学，在刘爱群老师的指导下毕业。这个时候我主要的方向就不是集成电路设计了，而是 MEMS 传感器方面的内容。后来到了新加坡的 IME，中国有中科院，我称他们为"新科院"，在那边我做了大量实践。总之，我把设计学了点，工艺也学了点，后来在美国待了一段时间，也看到了硅谷的一些创业方式。

最后选择回归学校有多种原因，其中一个原因就是我经常回想本科时的学习方式和方法，如果能够将这些个人在学习过程中的心得分享给学生的话，可能会起到更大的作用。毕竟一个人的能力是有限的,但是作为一名老师,如果能把自己以前的听课方法、学习方式以及对这门课和这个领域的一种态度感染给学生,那么将来你为这个领域做的贡献可能就更大。我本人也比较喜欢交流和分享。

幻实: 喜欢和大家一起探讨,其实这可能也是骨子里的底色了。我觉得有这么好的国际化视野,然后再去带学生,确实会给学生很多新的想法。我觉得学这么枯燥的东西,如果能有很好的引路人确实不错,所以在这里我也欢迎收听我们栏目的小伙伴们,如果想去报考研究生,不妨联系我们去找赵新老师。

赵新: 欢迎报考我们川大微电子系。

对行业有什么呼吁?对未来有什么展望?

幻实: 最后在我们节目里您有没有想对行业发出的呼吁?

赵新: 近期我看了最新的集成电路白皮书,最后相关领导总结出了4点存在的问题。其中第2点重点说的就是我们集成电路的师资,某种程度上还是匮乏。就目前来说,我们有大约20万的人才缺口。根据数据统计,高校培养的人才正好差不多是20万,有人说这不就解决了?但真实情况是,根据统计,这20万人里面只有大约12%,也就是3万左右的人会进入相关的领域。现在随着薪资待遇的提高,从事我们这个行业的人员比例会越来越高,换句话说,你缺鸡蛋,某种程度上其实更缺的是下蛋的母鸡;你缺人才,相应也缺培养人才的老师。

作为高校老师,说实话科研压力还是挺重的,因为既要搞科研又要搞教学，这个工作时长比培养一名工程师还要长。以模拟电路为例，培养一名可以独立做项目的工程师至少要5年，更高级别的工程师可能要10年。作为高校老师，如果你想教学生，本身也得具备这样的能力，这就需要花5～10年，另外你还要在教学技巧、教学方法上去不断突破。像我自己现在教了8年书，我才感觉教的那两门课在逐渐成型，基本达到让同学们满意的程度了。

幻实： 这是一个很厚重的时间积累。

赵新： 需要长时间地培养意味着需要长时间地投入，作为教师，用有限的精力兼顾科研和教学，实现合理的分配，这是一个难点。另外，我们希望在教育政策方面能够考虑给教师一些激励方案。

幻实： 优秀的老师可能留不下来，这是一个很现实的问题，可能相关机制上要更加的合理。

赵新： 没错，虽说集成电路有很多需要不断提高的技术，但解决技术的关键还是人，培养人的人同样是稀缺人才，你缺了一位老师，培养学生的人数比例就不是1∶1，可能是1∶70或更多。所以希望能够在教学的根本上，为老师多做考虑。

幻实： 这也是替我们整个教师群体在做呼吁。集成电路虽然已经成为一级学科，但未来的路还很长，需要更多的人来加入。

芯片揭秘说

目前国内业界对于微电子学专业的人才需求量还很大。然而，高校的供给和市场的需求还不能匹配，缺口问题始终存在。此外，高校教师的缺乏使得师资力量分布不均，这些都潜移默化地影响着行业的人才输送。

集成电路行业并非只需要高学历人才，学历是跨入这个领域的敲门砖，事实上，它更看重从业者的能力。完全没学过电路设计也可以画芯片版图，往往艺术类的人画得更好，因为他们更有创造性，更能兼顾实用和美观。

无论数字电路还是模拟电路，想要做到顶尖，都必须对版图和计算机原理有深刻的认识；此外，数字电路的入门更快速，有编程能力的软件工程师或通信类、电信类专业的学生也可以从事相关行业。

根据《中国集成电路产业人才白皮书（2019—2020年版）》统计分析显示，集成电路从业人数逐年增多，2019年就业人数在51.2万人左右，同比增长11%，半导体全行业平均薪酬同比提升4.75%，发展环境逐趋改善。但从当前产业发展态势看，集成电路人才在供给总量上仍显不足，存在结构性失衡问题，亟待通过集成电路一级学科，以及产教融合育人平台的建设，解决产教脱节和供需失配等问题。

高校作为培养人才的重地，应当更加关注产业需求，用需求来带动就业。只有产教深度融合，才能开启中国IC人才培养的大格局。

本文来源："芯片揭秘"微信公众号

2022年2月25日

致 谢

写书之初,曾经一次次畅想此刻的感受,但当我们写到"尾声"的时候,却有着各种难以言表的滋味萦绕在心头。而其中我们一直想郑重表达的,就是对整个书籍编写团队的感谢!对给予我们帮助和支持的老师、朋友和家人的感恩!

首先,感谢倪光南院士和吴汉明院士百忙之中为本书作序,你们的指正让我们受益匪浅;还要感谢茄子烩公司创始人曹幻实与合伙人曹树民博士对本书的统筹规划,有了你们对本书商务工作的全面负责以及各种渠道的沟通协调,我们才能静下心来完成本书的编写;感谢图片设计师孙智超帮助我们绘制了书中几乎所有的图表;感谢上海科学技术出版社各位编辑和领导的鼎力支持,是你们的同步协助才使得本书得以高效、高质地出版。

还要感谢在我们成长路上的每一位良师和引路人,是你们的言传身教让我们具备了坚实的基础、扎实的专业知识以及独立思考的能力,如果我们是蒲公英的种子,那么你们就是让蒲公英飞舞的"东风"。

此外,还有很多业内的朋友对本书的写作方式和具体案例提出了宝贵的意见和建议。感谢张汝京博士、粤芯半导体总裁及首席执行官陈卫、上海积塔半导体有限公司总经理周华博士、上海灵动微电子股份有限公司首席执行官朱敏、吉利晶能微电子有限公司CTO卢基存博士、苏州敏芯科技有限公司胡维副总经理、国民技术股份有限公司梁洁副总经理、日本半导体人协会市场分析要员梁军，是你们分享的亲身经历、传授的管理方法和提供的宝贵素材才使得本书的内容更加翔实，表述更加准确，案例更加耐人寻味。

众人拾柴火焰高，本书的出版同样离不开艾新德鲁夫精英班校友的大力支持，感谢得一微电子股份有限公司的首席运营官陈强、上海赛美特软件科技有限公司总经理张影、深圳华净科技有限公司总经理夏艳群等校友代表。感谢你们无私的帮助和有问必答的积极配合，是你们将艾新人互帮互助的理念贯彻始终，是你们的实践促成了中国半导体产业链的进一步完善。

最后，我们还要感谢家人，正是你们稳坐大后方，我们才能在一个个日夜安心地调研资料、深入思考和寻找灵感；也正是你们特有的关怀，才使得我们能在一次次遇到挫折的时候鼓足勇气坚持下去。

再次感谢各位老师、朋友、商务伙伴及家人。同时，庆幸我们能在如此瞬息万变的时代中，一起见证集成电路产业的沧海桑田并作为历史的见证者创作此书。本书涉及的史料、专业文献和调查数据繁杂，虽然我们已经多次核对，但仍难免存在疏漏和错误之处，敬请读者指正。

谢志峰　赵　新

2022 年 9 月

感谢贾虹博士 30 多年对于我从事半导体产业工作的无条件支持和持续鼓励!

谢志峰

感谢李倩女士长期以来的鼓励、支持与陪伴，没有你的包容和理解，中国集成电路产业就会错失一本有性格的书。

赵　新